日経文庫
NIKKEI BUNKO

ビジネス 新・教養講座

テクノロジーの教科書

山本康正

日本経済新聞出版

はじめに

この本は、2019年5月から始まった日本経済新聞電子版や、日経産業新聞紙面での連載をまとめ、かつ最新の内容に更新したものです。テクノロジーの最新動向やビジネスへの影響を、講義形式でわかりやすく説明しました。

1項目ずつ完結していますので、興味のある分野からお読みください。必ずしも最初から読む必要はありませんが、今やすべての業界がテクノロジー・ビジネスに関連していますから、読者の方にとって関係のない項目はないかもしれません。

私は米国でベンチャー投資家として活動しており、また上場企業の顧問として、日本の大企業の役員以上の方々と接する機会が数多くあります。そうした皆さんとお話ししていると、海外のテクノロジーやそれを活用するビジネスモデルが日本ではほとんど知られていないことがわかってきました。こうした現状に問題意識を抱いたことが、連載を始めたきっかけです。

多くのビジネスリーダーの方々は本業で忙しく、英語でテクノロジーの最新情報を追いかける時間が取れない。また、部下の皆さんがそのことを進言するのも難しいのではないか――こんな仮説から始まって、いうなればテクノロジー・ビジネスの「池上彰さん」のような役割が必要だと考えるようになりました。世の中にはテクノロジーに特化した雑誌や書籍は数多くありますが、広範なビジネスへの影響について、その本質をわかりやすく伝えているものは必ずしも多いとはいえません。

私は金融業界とＩＴ企業での実務経験があります。そして自らテクノロジーベンチャー企業への投資というリスクを取っています。多くの技術専門家や評論家とは異なる、よりリアルで切実な見方を提供できると考えています。

本書に出てくる多くのキーワードは、すでに耳にしたことのある言葉かもしれません。しかし、怖いのは「知ったつもり」でいることです。その本質を自分なりに解釈し、カタカナ語をなるべく使わない形で、例えば経営ビジョンとして落とし込んで、部下や投資家などの関係者に自分の言葉で端的に説明できること。これがこれからのビジネスリーダーには必須の能力になると確信しています。

テクノロジー・ビジネスの業界の1年は、伝統的な業界の4年に相当するほどの速度で変わっていきます。伝統的な業界にいるビジネスリーダーの方こそ、意識して最先端動向を追いかけなければ、意外な分野から現れる競合に後れを取ってしまう時代になりました。「文系だから」と尻込みしている方にこそ本書をお読みいただき、最新動向をキャッチアップする体制をつくるためのきっかけになれば、筆者としてはこの上ない喜びです。

ビジネス新・教養講座　テクノロジーの教科書

目次

第2章 データは次の石油である

第3章　商売の仕方は常に進化し続ける

第4章
競争環境の変化は新規ビジネスのチャンス

第5章 次々に出てくる流行り言葉に騙されない

第6章 日本だけ見ていても必要な情報は入らない

プロローグ

テクノロジーが変えるビジネス

本書は、日本の経営者やビジネスリーダー、これからの企業を支える若手のビジネスパーソンの方に向けて、世界のテクノロジーの潮流を紹介するとともに、ビジネスに与えるインパクトを解説したものです。個々のテクノロジーやケースについてお話しする前に、まずはテクノロジーと付き合うときに持っておきたい「8つの視点」について概観します。第1章以降の事例を読む際に、頭の片隅に置いていただけると、より理解が深まるはずです。

視点1 変革の芽はどこから生まれるかわからない

100年ほど前、人類は馬車から自動車への移行を経験しました。その際、人々は自動車が主流になると予想したでしょうか？ 今は自動運転への移行が進みつつあります。馬車は伝統行事ぐらいでしか目にしなくなりましたが、イノベーションの波は既存の自動車も同じ立場に追い込もうとしています。電動自動車から始まり、自動運転も先導する2003年設立の米自動車メーカー、テスラは、1937年設立の世界最大の自動車メーカーであるトヨタを2020年7月に約20兆円という時価総額で追い抜きました。

イノベーションは異業種が混じり合うことで生まれる新結合です。実用化に耐えうる人工知能（AI）も、コンピュータサイエンスと神経科学の融合で生まれました。複数の分野に専門性を持つ人材の必要性が高まっているわけですが、日本では若い頃から理系・文系に分けられ、世界のトップ層の留学生と触れ合う機会も少なかったため、国境や専門分野の垣根を越えた対話で後れを取ってしまいました。

実用化を見据えた自動運転の試みは約10年前から始まりました。主導したのは自動車業界ではなくIT企業です。ゲーム業界でも次世代通信規格「5G」を巡る動きが活発ですが、ここでも主導しているのはIT企業です。既存業界はなぜ、イノベーションの中心とならなかったのでしょうか。

オンライン広告費は2018年にテレビの広告費を抜いています。その主役ともいえる米グーグルはメディア事業を狙って誕生したわけではなく、「世界中の情報を整理する」

との考えから検索機能単体で始まりました。後に広告機能会社や動画共有サイト、携帯電話や人工知能の関連会社を買収し、持ち株会社「アルファベット」のもと多彩な企業集団を形成し、広告売り上げにつなげています。

変革の芽はどこから生まれるかわからず、そのサイクルも年々短くなっています。すべての機能をゼロから内製するのは時代遅れです。テクノロジーにおいて国境を越えた連携はかつてないほど重要です。世界中の新技術の動向にアンテナを張り、大胆に外の技術を取り込む。うまくいかなければ事業を中止し、次の事業にフォーカスする決断が大切になりつつあります。

視点2 世界で「同等」と認められることが大切

イノベーションを起こすために質の良い新技術情報を取りに行く、とはどういうことでしょうか。一つ事例を考えてみましょう。読者の方が携帯電話で世界でも非常に画期的な技術を開発したとします。他社との提携を考えたときに誰に相談したいでしょうか。

提携相手としては自分の望むスピードで動いてくれて、資金を持ち事業の親和性もあるところが望ましいでしょう。その分野の有力企業経営者にツテをたどれるような場合は別として、まずは信頼できる身近な人に相談するのではないでしょうか。信頼できる身近な人とは、その人柄を知っているから信頼しているのです。地位や、単に長くその職業をやっているからというだけで、信頼しているわけではないと思います。

多くの日本企業が米シリコンバレーや中国の深圳などに駐在事務所を構え、情報を取得しようとしています。しかし、バブル期の1990年ごろとは違い、残念ながら日本企業を一番手に考え、良い情報を提供しようとする海外の人はほとんどいません。情報取得がうまくいかないため、消去法的に企業が自己資金でファンドを組成しても、「お金がある」というシグナルを出すことで、逆に質の悪い情報が集まってしまうことがあります。

ではどうすればいいでしょうか。ここで重要なのが、先ほどの例で挙げた「信頼できる身近な人」であることです。米国であれば米国人からも「同等」と認められることが必要です。日本の学位だけではなく、米国の有名校の学位も有効でしょうが、何より技術とビジネスの動向の両方に明るく、本社の承認を得ることができる人であることだと思います。いわばエース級の人材です。そのような方がシリコンバレーに長く駐在し幅広い方と話すことで、「信頼できる身近な人」になることが重要です。

「任期が終わったから」と帰ってしまう人が多ければその縁は続きません。縁は引き継げないのです。優秀な人材を長くシリコンバレーに置き、新型コロナの世界的な感染拡大のような状況で米国との往来が難しくなっている時にでも本社と迅速に連携できるような体制を築けなければ、日本はますます世界の動向から取り残されてしまいます。

視点3 出資のタイプとメリット／デメリットを知る

世界の最新技術情報を得るため、多くの企業がベンチャーキャピタル（ＶＣ）へ出資し、自己資金でファンドを組成するコーポレートベンチャーキャピタル（ＣＶＣ）を設立しています。さらに有望企業に直接出資する事例も増えました。それぞれのメリット、デメリットを考えてみましょう。

企業本体の出資は、相乗効果が期待できる会社にピンポイントで出資できればよいのですが、「目利き」が非常に難しいです。貸借対照表への影響もあり、通常は時間がかかります。

ＶＣへの出資は目利きを学ぶうえで意味があります。ただ、日本の企業内に投資のプロはほぼいません。シリコンバレーに社員を置いても人脈づくりに時間がかかり、リポートを購入して本社に報告しているうちに帰任、という事態になりかねません。前回のエース級社員をVCに常駐させれば、ノウハウや人脈を社内に取り込めます。

また一つのVCですべてのイノベーション領域はカバーできません。投資先の成長段階（初期、後期など）や業種の違いを考慮した複数の組み合わせが重要です。投資家が多すぎるとか、日本支部がないようなVCでは、得られる情報がリポートだけということもあり、注意すべきです（図表1）。

その次に検討するのが自前でVCを持つCVCです。自社の知名度や裁量が利き、速く動けるというメリットはありますが、運営者は自前で用意しなければなりません。十分なスタートアップへの人脈や金融の知識、支援の能力などを兼ね備えた人材を社外から招くには、プロの基準の成果報酬が必要となります。

CVC運営のノウハウがない場合、資金を予算のように消化し、無駄な投資をすることがあります。運営を委託するケースもありますが、それでは目利きの能力は社内には残りません。持続的なイノベーションの効果は薄いでしょう。

あくまで最終目的は相乗効果が期待できる投資先を見つけ、イノベーションにつなげることです。そのためには複数のLP（有限責任組合員）出資から検討を始め、必要があればCVCを設立し、自社投資につなげるのがいいでしょう。

視点4 質は「顧客が満足するかどうか」で判断する

2019年最大規模の上場を果たしたライドシェア最大手の米ウーバー・テクノロジーズは、主に海外マーケットで事業展開しています。実際に体験しないと、そのビジネスのポテンシャルを想像するのはとても難しいと思います。このほか無人コンビニの「アマゾン・ゴー」など、海外発の画期的な新技術・サービスはたくさんあります。

米アップルのスマートフォン「iPhone」登場時、日本の携帯電話メーカー各社は

IPO／売却

日本では上場が多いが
規模は米国の10分の1程度が多い。
米国では売却が多い。

図表1

投資ステージ	エンジェル	アーリー（初期）シリーズA～B	レイター（後期）シリーズC～F（企業による）
特徴	まだ製品もできていない創業期。目利きがとても難しいが、リターンは大きい。	製品ができて売上ができはじめたところ。売上を増やしたいため大企業との連携が一番しやすい。	売上が増加し、上場への準備ができている。株主数も多く、投資をしても連携やリターンは比較的少ない。
B2B（法人向け）		ベンチャー投資家Aの得意な分野	日本ベンチャーファンドCの得意な分野
フィンテック		ベンチャー投資家Bの得意な分野	
SaaS		ベンチャー投資家Cの得意な分野	
小売りのテクノロジー		ベンチャー投資家Dの得意な分野	
モビリティ		日米のベンチャーファンドAの得意な分野	
働き方改革		米国ベンチャーファンドBの得意な分野	東南アジアベンチャーファンドDの得意な分野
スポーツ、教育			

「技術的にはうちでも作れる」という姿勢でした。この「うちでも作れる」という現象が今は自動車業界で起こっています。先ほどの米テスラをはじめとする半自動運転機能付き電気自動車（EV）に対してです。

部分的には作り込みが甘いところもあり、日本の既存の自動車メーカーからすると「質的に劣る」と感じるかもしれません。しかし、購入後に消費者が体験する満足感を見落としていることが多いのです。

「iPhone」はアプリストアから次々と出てくる便利なアプリが顧客満足度を高めました。テスラの場合はショッピングモール内の便利なところに優先的に配置されている専用充電ステーションや、半自動運転をはじめとする最新の機能を追加してくれるアップデート、この一つひとつが顧客満足度を上げています。

EVはガソリン車よりも格段にパーツ数が少なく、掃除機で有名な英家電大手ダイソンも、外部から人材を採用して自動運転機能を持つEVを開発すると発表しています。日本企業は既存のガソリン車の売り上げが好調なうちは、社内のエースや予算など貴重な経営資源を、EVや自動運転技術に大胆に投資するのをためらったようです。

各企業に求められるのは、「うちでも作れる」という能力の問題以前に、顧客が満足する体験をいち早く届けるという姿勢です。そのためには自社の可動範囲を考えたうえで外の企業と提携することや、手元資金が多い企業の場合は買収も貴重な選択肢となります。買収は10回に1回うまくいくかどうかといった非常に難しいものなので、企業にとっては試行錯誤が続くことになります。

視点5 オーナー企業なみに大胆な決断を行う

10兆円規模のファンドで世界中の革新的なテクノロジーや起業家に投資する——。ソフトバンクグループの孫正義社長が2016年に打ち出した構想です。消費者にとって同社は通信関連の企業と思えるかもしれませんが、このような大胆な一手のかじ取りができるのには理由があります。

孫社長自身が創業者で大株主でもあるオーナーだからです。取締役会で反対意見があっても、押し通すことができるでしょう。

新しい未来に会社の方向性をかけるには先見性が必要です。例えば、米アマゾン・ドット・コムが手掛けるクラウドサービス「AWS」。事業開始にあたって、社内では「eコマースとは相乗効果がない」と相当な反対があったのを、創業者のジェフ・ベゾス氏が押し切りました。その一手が音声アシストサービス「アレクサ」や、動画ストリーミングサービスなどの事業につながっています。

こうした決断はオーナー企業だからできるのでしょうか？　いえ、ほかにも大胆な改革はあります。自動車大手の米ＧＭは経営破綻後の２０１４年にメアリー・バーラ氏が経営トップに就任しました。そして２０１６年には設立３年の自動運転技術の開発会社を買収しました。当時29歳だった創業者も要職で迎え入れ、技術競争に大きく貢献しています。

共通しているのは常に危機感を持って経営の20年以上先を考え、大胆に素早く行動する構造になっていることです。会社のオーナーは自分の資産の大半が株式です。株式とは将来のキャッシュフローの合計を現在価値に割り引いたものですから、遠い未来を見据える必要があります。米国の経営者も報酬の半分以上は株式で、オーナーと同じ効果があります。日本企業は現金報酬が多く、問題なく退任できればその後も会社内での厚遇が約束されます。遠い未来を見据えた大胆な手を打つことに抵抗感があるようです。

報酬形態を変えるだけで物事は解決しませんが、外部から優秀な人材を要職に迎える人事制度も含め、アンテナを張って収集した世界最先端の情報を生かすことができる社内体制を整える必要があります。

視点6 「モノの売り切り」発想から抜け出す

「品質が良く長持ちする物を安く売る」というのが、ハードウェアでのビジネスの王道だったと思います。ただ、これはインターネットが出現する前の時代の王道でした。

インターネットの出現で、ハードウェアは常にソフトウェアを更新できるようになりました。例えばスマートフォンの「iPhone」は毎年ですし、電気自動車のテスラはおよそ半年ごとに新しい機能（自動運転関連も含む）が追加されていきます。

こうした事例が意味しているのは「付加価値は販売した後から付けることができる」ということです。これまではお客様の手元に商品を届けることが第一の目的で、その後のメンテナンスは補助でした。これからはお客様の手元に商品が届くことはあくまで前提で、それから先に付加価値を付けることの方がメインになりつつあるのです。

つまり、購入はあくまでもきっかけ（もしくは囲い込み）にすぎません。そのうえで、ソフトウェアの更新でお金を稼ぐビジネスモデルが成り立つわけです。

日本の企業は各部品の製造についてはとても強いのですが、世界で使われるソフトウェアというものは今のところほとんどなく、利用者が使い続けることが収益につながる仕組みづくりは弱いのが現状です。

ソフトウェアの世界では、インターネットを通じてソフトウェアを提供するＳａａＳ（Software as a Service）という形が広がっており、お金の取り方も従来のパッケージ売り切りではなく、「サブスクリプション（継続課金）方式」というビジネスモデルが広がっています。利用した期間などに応じて対価を支払う仕組みです。ソフトウェア企業で有名な米アドビシステムズやマイクロソフトは、５万円ほどする自社の主力商品を月額１００0円ほどに切り替えました。

一見すると会計上は減益となりそうですが、将来の顧客の囲い込みにつながるのです。以前は3年に一度程度のサイクルで新製品を出し、従来の顧客に対してもまったく新規の顧客として販売していました。しかし毎月継続的に使ってもらい、新機能をオンラインで追加して使ってもらった方が顧客満足度は高くなります。世界の投資家もその効率性を評価して、アドビやマイクロソフトの株価回復につながっています。

視点7 大きなビジョンを持つ

次世代通信規格「5G」によって、ゲーム業界はこれまでのハードウェアベースから、クラウドベースにシフトし始めています。米グーグルはストリーミングにより、どんなデバイスでも同じゲームが楽しめる「スタディア」というサービスを2019年3月に発表しました。

これを受けて「プレイステーション」というハードを持つソニーは、競合する米マイクロソフトと戦略的提携をしました。クラウドベースのゲームを配信するにあたって、クラウド基盤を持っていることがとても重要なためです。

ハードウェアの枠組みを超えたソニーとマイクロソフトの提携が示しているのは、重要なのはハードウェアの競争力ではなく、消費者にとって良いゲームを作れるかどうか、ということです。今後はいかに有力なゲームクリエイターを引き入れるかが大きなカギになってきます。

価値がハードウェアから、「消費者が満足する体験」をするためのコンテンツにどんどん移行しつつあるのです。

同じことが動画にもいえます。「5G」で動画を見る機会が増えるため、米ウォルト・ディズニーは自社の動画配信サービスに加え、「Hulu」という動画配信サービスを買収することを2019年5月に発表しました。これからの経営は何を消費者に届けるのか、そのためにはどのような経路が必要なのかを考え、そのなかでより上位の概念に注目する必要があります。

わかりやすい例が先ほどのテスラを経営するイーロン・マスク氏です。電気自動車や自動運転機能はあくまでも手段で、消費者がスムーズに移動するための仕組みが重要と考えています。自前の充電ステーションを全世界に配備し、充電中に無線LANでビデオを見られるように計画しているほか、渋滞が激しい地域向けには地下にトンネルを掘り、自動コントロールのレールの上で車を走らせる取り組みも始めています。

さらに視点を広く持ち、地下だけではなく、宇宙にも目を向けています。宇宙に行くためのロケットは基本的にはこれまで使い捨てでした。打ち上げた後、ロケットは海などに落ち破損して使えなくなるわけです。そうすると一回当たりの移動にかかる費用が莫大になります。

もしこの打ち上げた後のロケットが自動制御で指定の安全なところに着陸でき、再利用できれば？　という発想を持ち、さらに壮大に人口が増加し、エネルギーの枯渇を回避するためには「火星移住」が解決策であるというビジョンを持ち2002年にマスク氏が設立したのがスペースXという会社です。今や時価総額が2兆円を超えるといわれており、2020年5月には宇宙船「クルードラゴン」を打ち上げ、宇宙ステーションに宇宙飛行士2名を無事に届け、同時にロケット部分を無事に帰還させたことにより民間による初の宇宙ステーションへの有人飛行を成功させました。2020年11月には日本人の宇宙飛行士でもある野口聡一氏が搭乗する予定です。

上位の概念には多くの資本投下が必要です。その投資についてビジョンを持って、投資家の賛同を得ることも、これからますます必要になります。

視点8 テクノロジーが変わるとビジネスモデルも変わる

これらの事例のように、テクノロジーが変わるとビジネスモデルも変わります。伝統的な産業を見慣れると、テクノロジーはビジネスの道具のように感じることがあると思います。しかし、本質的にはテクノロジーの上にビジネスは成り立っています。

例えば航空業は飛行機というテクノロジーがなければ成り立たなかった産業です。しかし、現在では飛行機よりも速いとされる次世代交通システム「ハイパーループ」の研究が進んでいます。将来、航空会社がこのシステムを導入すれば、会社名から「航空」という言葉が外れることになるでしょう。

ドリルを買う顧客が望んでいるのは、ドリルそのものではなく「穴」である——というたとえは、ハーバード大学教授のセオドア・レビット氏の発想ですが、出張も、営業先とスムーズに話をすることができればよいわけです。2011年設立のスムーズなビデオ会議システムベンチャーのZoomは新型コロナの影響もあり、2020年10月には時価総額が1年前の8倍の約15兆円に達し、航空最大手7社の合計額やIBMを上回ったのは偶然ではありません。

創業者のエリック・ユアン氏はもともとビジネス用のビデオ会議システムのWebex(後にシスコに買収)に英語もうまく話せないまま入社し、将来のモバイル機器も活用したビデオ会議に大幅な可能性を感じ、既存の巨大なシステムの修正に取り組んでいました。しかし、ゼロから作り直した方が良いものが速くできると確信しZoomを設立したのです。

その時のビジョンは「顧客に幸せを届ける」というもので、ビデオ会議というのはあくまでも手段として考えているため、競合よりも良いものを作ろうという考え方よりも、ドリルではなく穴のたとえと同様に、フェイスブックなど異業種であるSNSをベンチマークにしていました。日本でも全日空がアバターサービスを展開し、ドリルよりも穴を優先するという発想に動き始めています。

このような変化は100年に1度かもしれません、しかし変化のサイクルは確実に短くなっています。

1976年創業の米アップルは「iPhone」ヒット後の2007年に、社名を「アップルコンピュータ」から「アップル」に変えました。さらに、ハードウェアからソフトウェアへの移行という今の流れに敏感に反応し、高い利益率の「iPhone」販売から、動画やゲームサービスの強化へ軸足を移そうとしています。テクノロジーは10年周期でビジネスを変えようとしているのです。

米マイクロソフトが「ウィンドウズ」を世に送り出したのは1985年。まだインターネットに接続していないコンピュータ産業が生まれ、その後1990年代にネットやモバイル端末が広がりました。米グーグルの誕生も1998年で、まだ20年しかたっていません。

冒頭でお話しした1900年当時、ニューヨークで馬車が自動車に移行するまで10年ほどかかりました。今やその移行速度は格段に速くなっています。テクノロジーの未来を予測する人材が経営には不可欠です。技術だけがわかるのではなく、ビジネスのこともわかるテクノロジーの水先案内人を経営判断のメンバーに置かなければ、知らない間に技術の進歩に取り残されかねないのです。

スタンフォードショッピングセンターにある
テスラのショールーム

第1章
テクノロジーは経営ビジョン

誤解

技術の話は、専門部署に任せておけばいいよね

「技術のことはＩＴやシステム部門、若手が理解して、自分は彼らの意見を参考にすればいい」――こういうふうに考えている経営者は多くないでしょうか。確かに自分でプログラミングまでできる必要はありませんが、テクノロジーの最新動向をきちんとつかんで、経営にどう生かすかを考えるのはリーダーの仕事です。

本章では、昨今はやりの「デジタルトランスフォーメーション」、そしてサイバーセキュリティ、ブロックチェーンという、これからの企業のオペレーションにとって重要な動きを紹介し、大胆な発想で米国をも驚かせているイーロン・マスク氏率いるテスラの動向について見ていきましょう。

1 一過性であってはならないDX

IT化とは何が違うのか?

「デジタルトランスフォーメーション」という言葉をご存じでしょうか。ここ数年話題になっていましたが、新型コロナウイルスの感染拡大を背景に「我が社も導入しなければ」と議論している企業もあるでしょう。

デジタルトランスフォーメーションはもともと、スウェーデンにあるウメオ大学のエリック・ストルターマン教授が2004年に発表した論文「Information Technology and the Good Life(情報技術と良い生活)」で使われた言葉です。この論文では、より良い社会を実現するためテクノロジーをどう使うべきかが議論されています。その中でこの言葉は「デジタルテクノロジーが生活に及ぼす変化」という意味で使われています。

その後デジタルトランスフォーメーションは、トランスフォーメーションを「X」と略してＤＸとも呼ばれるようになりました。

もっとも、デジタルテクノロジーはＤＸが登場する前から世の中に変化をもたらしていました。ブロードバンドが普及したのは２００１年ごろからで、ＩＴ化は当時から行われています。ＩＴ化とＤＸは何が違うのでしょうか。

ＤＸは「遅れた企業が巻き返しを図るためのもの」だった

２０００年代初めはまだｉＰｈｏｎｅは登場しておらず、スマートフォンもほとんど普及していませんでした。現在のように高性能なＡＩはおろか、グーグルマップをはじめとするクラウドサービスもありませんでした。スマホでものを買ったりサービスを受けたりする習慣がなかったのです。

ビジネスにＩＴを活用するといっても、パソコンや社内業務システムを導入するといった限られた取り組みでした。ＩＴ化はどちらかというと、作業時間や人件費などを抑えるコスト削減としての側面が強かったといえるでしょう。

しかし、２０１４年ごろから変化が起こります。金融危機の後、ドイツは経済の立て直しのためにインダストリー４・０（第４次産業革命）という取り組みを本格的に推進する

図表2

グーグルトレンドによる「デジタルトランスフォーメーション」検索結果

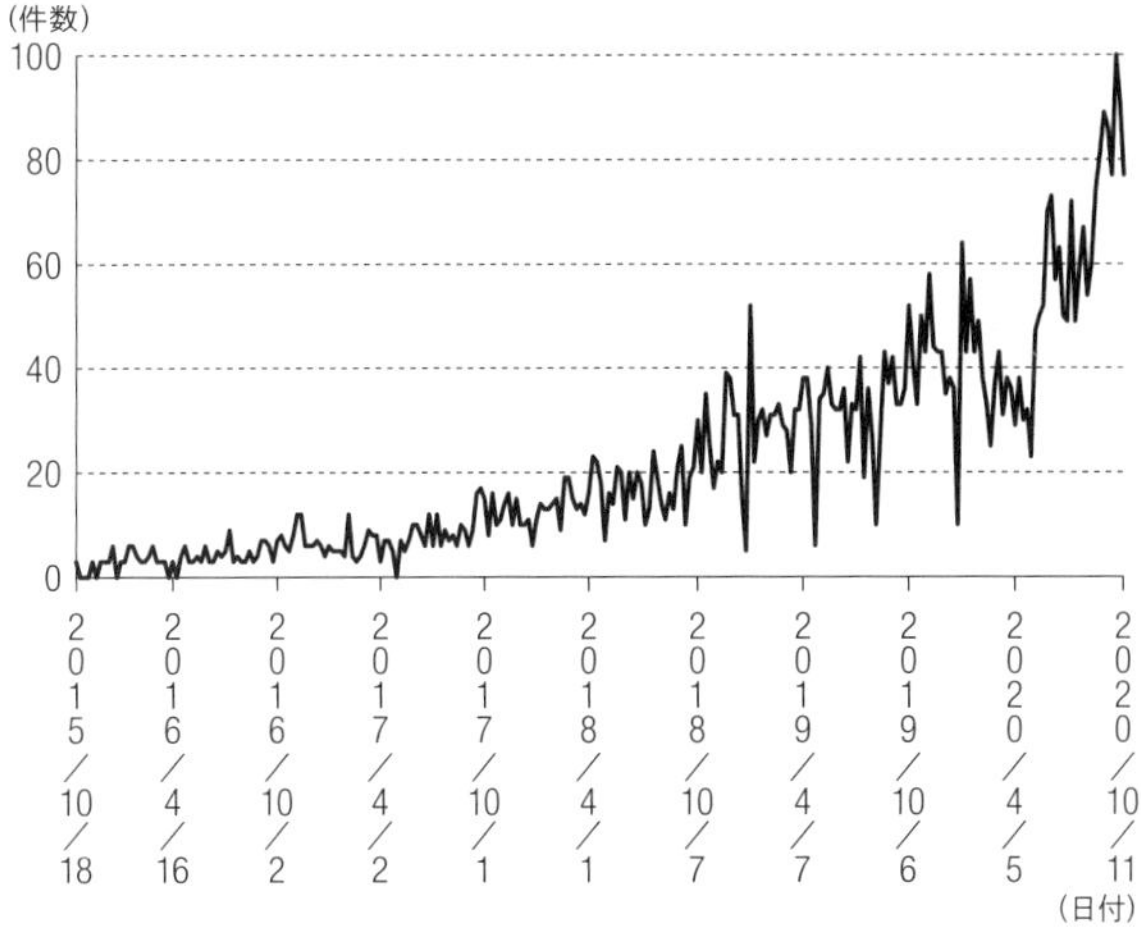

ようになりました。その中で、ＤＸが改めて注目されたのです。ドイツの産業の進化が米国のテクノロジー企業に比べ遅れているので、その遅れをＤＸで取り戻そうとしました。つまり、ＤＸとは進化から取り残された企業がデジタルテクノロジーを活用して巻き返しを図るものなのです。

実際、シリコンバレーの勢いがある企業でＤＸについて議論をしているところはありません。弊害になっている古いシステムがそもそもなかったり、最先端のシステムをすでに導入したりしているからです。

ＤＸを歴史あるお寺の改修にたとえ

てみましょう。この場合、伝統的な技術を習得した大工さんが、再現可能な材料を探して工事を行うため、現在の建築物の改修より時間と手間が大幅にかかってしまいます。古いシステムを改修するというのはこれと似ており、ひと昔前の知識をもったSEを呼び、構築当時の資料を探し出したりする手間がかかります。伝統建築ならまだ古いものを再現することに意味がありますが、ビジネスでは足を引っ張るだけの存在といえます。資産と思っていたシステムが負債になってしまう前に、新しいものに変える必要があるのです。

DXが必要だと議論している時点で、相当なハンディキャップを背負っている状態なのです。最先端のテクノロジーを導入し続けている企業とは、かなりの差がついてしまっていると認識する必要があります。

また、DXに一度取り組んだからといってそれで終わるものではありません。最先端の企業と同じスピードでDXに取り組んだとしても、最先端企業はさらに先を行っています。このためDXでは、最先端企業以上のスピードで正しい方向に企業を変化させ続けなければなりません。

これは実際には大変なことです。世界の最先端の取り組みを知っているパートナーと組まなければ、あまり効果のない施策に時間や労力、資金を無駄にする可能性があります。

一部の地域だけでもてはやされる言葉

ＤＸは大きく「内」と「外」の2つの領域に分けることができます。顧客向けの「外」へのビジネスの領域と、２０００年ごろから続いているＩＴ化の延長である企業の「内」の生産性向上の領域です。前者はネットでのサービス利用、後者は在宅勤務対応に代表され、どちらも新型コロナ対策には不可欠になっています。

「外」の例を見てみましょう。今や飛ぶ鳥を落とす勢いのネットフリックスは１９９７年に創業しました。もともとはＤＶＤのレンタルからスタートしましたが、２０１０年ごろに映像ストリーミング会社へと見事に変貌しました。

また、米国の銀行を利用するユーザーは、支店に直接行くのではなく、アプリを利用するのが当たり前になっています。米国でも日本でもオンライン広告の市場規模はテレビ広告を超えました。

「内」である企業の生産性の領域でも変化は顕著です。自社でサーバーやデータセンターを持ち外部の開発会社にシステムを開発してもらうのではなく、業務でもクラウドサービスを利用するのが一般的になりました。新型コロナの影響で、チャットやビデオ会議を実現するクラウドサービスを使ったテレワークも普及しつつあります。

インフラの監視などに使われるセンサーネットワークも発達し、大量のデータをクラウドに保有できるようになりました。高度なモバイル通信を実現する5G（第5世代移動通信システム）がこの動きを加速していくでしょう。大量のデータにAIを組み合わせれば、ビジネスは飛躍的に進化します。

こうした領域で最先端の企業に追いつこうとする取り組みがDXです。DXは単なる一部の業務のデジタル化ではありません。「先進的なテクノロジーでビジネスをゼロから再構築するとしたら、どのようなものが最適か」を考え、その状態に「トランスフォーム（変化）」するものなのです。

DXは本来、企業の最高技術責任者（CTO）を含む経営陣が経営課題や経営ビジョンとして考えるべきものです。しかし日本企業にはそもそもCTOがいなかったり、いたとしても「いかに安くて安定したシステムを実現するか」を考える役割しか与えられていなかったりします。「ビジネスに最先端のテクノロジーをどう活用するか」を考える人がいないのが根本的な問題です。

読者にお伝えしたいのは、DXのように最先端の企業では使われず、日本など特定の地域だけでもてはやされる言葉が出てきたときに、「この言葉は今までの言葉とは何が違うのだろうか」と考えてみてほしいということです。

ＤＸをはじめとするはやり言葉は、新しい取り組みをしていることをアピールしたい団体やメディアなどが広めていることも多いのです。特に、日本語で説明できることをやたらカタカナで説明している場合は要注意です。本当に本質的な言葉であれば、企業のレベルや国に関係なく同じ言葉が使われているはずです。

そうした意味では、ＤＸは日本企業に大きくのしかかっている既存の経営課題に改めてスポットライトを当てたともいえます。社内の改革は一朝一夕には難しいですが、今回の危機を「喉元過ぎれば熱さ忘れる」形にしてはなりません。デジタルテクノロジーでビジネスをどう変革するかという経営ビジョンは、システム部ではなく経営陣が継続的に取り組まなければならないと考えています。

2 セキュリティの考え方、時代遅れになっていませんか？

コロナの影響でサイバー攻撃が増加

新型コロナウイルスの感染拡大が問題になって以降、DXやリモートワークといった取り組みが急速に進んでいます。

これらでは業務の生産性や効率化に目が行きがちですが、忘れてはならない視点があります。企業活動をさまざまな攻撃から守る「セキュリティ」です。コンピュータやネットワークに関するセキュリティを特に「サイバーセキュリティ」と呼ぶこともあります。セキュリティをおろそかにしていると、企業活動に深刻なダメージを受ける危険性があります。

2020年6月上旬には自動車大手のホンダが社内ネットワークにサイバー攻撃を受け、米国など世界の9工場の生産が停止しました。現在は政府機関や金融機関などあらゆる業種が攻撃の対象になっています。

表面化したケースが数例あるとすれば、背後にその何倍もの「表面化しなかった事例」があると考えるのが妥当でしょう。有名企業への攻撃はメディアの注目を集めますが、メディアがあまり取り上げない企業への攻撃は未遂も含め数え切れないほどあるはずです。攻撃を受けてシステムに侵入されたにもかかわらず何カ月間も気づいていないケースや、企業が表沙汰にしていない事例もあるでしょう。

現在はリモートワークなどの慣れない施策の実施や新型コロナによる情報の混乱に便乗して企業を攻撃しやすい環境になっています。裏を返せば、セキュリティを重視している企業はより安全にデジタル化を進めることができ、他社との差異化要因になるということです。

攻撃と防御で分けてみると……

そもそもセキュリティとは何でしょうか。攻撃側と防御側で分けて考えてみましょう。

まずは攻撃側です。攻撃者は個人と組織に分けることができます。個人であれば、自己の能力の誇示、承認欲求の満足、個人的な不満や恨みなどが動機になります。

一方、組織の場合は金銭的な目的や政治・軍事的な目的が多くなります。このため攻撃の回数は個人よりも飛躍的に多くなります。これは国際関係が緊張している現状では特に顕著です。国家主導でエリートをハッカーに育てる国さえあるといわれています。

サイバーセキュリティに関する国際法については、現在もグローバルな合意は形成されていません。このため、誰がサイバー攻撃を行ったか、さかのぼって責任の所在を明らかにする「アトリビューション」という行為が容易ではありません。物理的な軍事攻撃よりも政治・経済的なコストが低いといった理由から、サイバー攻撃の方が効率よく相手国に打撃を与えられる状況になっています。インターネットを経由したサイバー攻撃だけでなく、標的の人物を尾行して攻撃に必要な情報を得るオフラインの攻撃とオンラインのサイバー攻撃を組み合わせる場合もあります。

例えば、防衛省と取引している企業は常に狙われています。三菱電機はサイバー攻撃を受けたと2020年1月に発表しました。当初は防衛装備品の情報流出はないと報道されていましたが、5月になって高速滑空ミサイルの性能に関するデータが流出したと報じられています。

サイバー攻撃の被害を公表すると世間から非難を浴びることは被害を隠す動機になりま

す。企業が被害を隠すことは、他の企業などに被害が拡大することにつながります。メディアは、サイバー攻撃については公益性を考えて慎重に取り扱う必要があります。

「境界で防御」は時代遅れ

次に防御側について考えてみましょう。読者の中には「ウイルス対策ソフトを入れればとりあえず大丈夫」という感覚の人がいるかもしれません。しかし、それは10年以上前の感覚です。ウイルス対策ソフトだけで防げる攻撃は限られています。

また、添付ファイルを暗号化し、後に同じメールアドレスにパスワードを送るのもあまり効果はありません。日本企業以外ではあまり見られない時代遅れの慣習です。

一昔前は企業の情報は社内のパソコンやサーバーにしかなかったため、外部からの社内ネットワークやサーバーへの攻撃にさえ注意していればほぼ問題ありませんでした。ファイアウォール（防火壁）と呼ばれる製品で「境界で防御する」という考え方です。

しかし、今では社員個人のスマホで社内のメールシステムにアクセスすることもありますし、業務用のノートパソコンを自宅のインターネット回線につなぐこともあります。また、スラックやＴｅａｍｓといった情報共有ツールを社外で使うことも増えてきました。

こうした場所にとらわれない働き方は、コロナ禍でさらに加速しています。急なリモートワークに対応するため、一時期は法人向けのノートパソコンが売り切れました。また、社外から社内ネットワークに接続するための仮想私設網（VPN：バーチャル・プライベート・ネットワーク）の容量が足りなくなる企業が続出しました。

企業のデータの置き場所も変化しています。データは「新しい石油」と呼ばれ、生み出される量が爆発的に増えています。これを保存・処理するため、自社サーバーを増やすのではなくクラウドサービスを利用するのが一般的になりました。総務省が公開している「令和元年版情報通信白書」では、企業におけるクラウドサービスの導入率は約6割に達しています。

従来のセキュリティは境界での防御が主流でしたが、その境界自体が曖昧になってきているのです。

「ゼロトラスト」という考え方

では、どうすれば企業のセキュリティを高められるのでしょうか。

先進企業の例で見てみましょう。例えば米グーグルはVPNに頼っていません。その背景には「ゼロトラスト」という考え方があります。トラスト＝信用がゼロ、つまり接続経路が社内ネットワークやＶＰＮであっても信用しないという考え方です。

ゼロトラストでは、接続経路にかかわらずインターネットと同様に危険なアクセスがあると想定し、利用者が使う機器を接続のたびに厳格に認証します。これにより、社員が普段使い慣れている機器で仕事ができる範囲が広がります。境界ではなく末端＝エンドポイントの機器に着目することから、「エンドポイントセキュリティ」と呼ぶこともあります。

グーグルはこの仕組みを他社に提供する「ビヨンドコープ・リモートアクセス」というサービスを２０２０年４月に開始しました。また、クラウドベースのエンドポイントセキュリティを提供している米クラウドストライクは２０１９年に上場し、昨今のリモートワークの高まりを背景に、株価が過去最安値の３倍程度に上昇しています。

複雑化する一方のセキュリティの処理には、今後はＡＩが必須になってきます。カナダのブラックベリーは、ＡＩを利用したセキュリティ製品を提供する米サイランスを２０１９年に買収しました。セキュリティ機器大手の米パロアルトネットワークスも、イスラエル発でセキュリティ運用自動化を手がけるデミストなどの先端のベンチャー買収を通じてＡＩの利用に注力しています。常に新しい攻撃手法が出てくるため、従来の企業は先端のベンチャー企業を買収した方が早く対応できるのです。

クラウドストライクの調査によると、日本の組織の8割が過去12カ月間に攻撃者による標的データへのアクセスを防げなかったと回答しています。検知から封じ込めまでには約31営業日かかり、これは世界平均の約1・4倍でした。攻撃を防げなかった原因として、44％の回答者が検知の遅さを挙げています。従来のウイルス対策ソフトで行われているパターンマッチによるウイルスの検知は、未知のウイルスに対してはほぼ無力なため、ＡＩによって検知の精度を高める必要があります。

クラウドサービスのセキュリティも進化しています。クラウドサービスは多くの企業の重要な情報を扱っているため、セキュリティが破られれば甚大な被害が発生します。このためクラウドサービスの提供企業は威信をかけて強固なセキュリティ対策を施しています。今では「自宅に金庫を買うよりも銀行に預ける方が安全」という感覚に近くなっています。

守りと攻めのバランスを常に確認

セキュリティはサッカーに似ているところがあります。どんな優秀なゴールキーパーがいてもディフェンダーが弱ければ失点してしまいます。一部だけが強くてもだめなのです。

例えば、どれだけ厳しいセキュリティを施した機器でも、カフェで後ろからパスワードのキー入力をのぞかれたりすると、攻撃を受ける危険性は格段に高まります。「私にはサイバー攻撃は関係ない」と考える社員こそセキュリティに対する意識を高める必要があります。セキュリティは社員全員が関わるべき課題なのです。

かといってセキュリティを過度に重視して内部手続きを何重にもすると、サッカーのフォワードに相当する営業や開発の業務効率が失われてしまいます。チーム全体で守りと攻めのバランスを考える必要があります。

チームの監督である経営陣は、優秀なセキュリティ専門家をゴールキーパー、すなわち最高情報セキュリティ責任者（CISO）に任命すれば問題が解決すると考えてはなりません。ゴールキーパーが他のメンバーとうまくコミュニケーションできているか、守りと攻めのバランスが取れているかを常に確認する必要があります。

これがうまくいかなければ、CISOは「守って当然、何かあれば責められる立場」でしかなくなります。経営陣がセキュリティを重視していなければ、優秀なセキュリティ人材を社内にとどめることは難しくなります。

国境を越えてハッカー集団などの攻撃側が進化し続ける以上、防御側も国境を越えて進化し続ける必要があります。海外の先端ベンチャーの取り組みといった最新動向を把握して初めて攻撃者から身を守ることができます。大手企業や政府は一般に動きが遅いので、そこだけ見ているのでは不十分です。

経歴が怪しい「自称セキュリティ専門家」が政府や国際機関などの委員をしていることもあります。こうした自称専門家が見当違いのセキュリティ対策をしているという事態がありうるのです。セキュリティの専門家に何かを初めて依頼する際には、調査会社を通じて経歴や実績、これまでの評価を調べる必要があります。

セキュリティに関しては、経営の重要な課題として常に最前線の知見を取り込み続ける必要があるのです。

3 ブロックチェーンのインパクトを正しく理解する

ブロックチェーン（分散型台帳技術）は、よく「インターネット以来の発明」「第2のインターネット」などといわれます。インターネットは世界のどこからでも情報にアクセスができる仕組みにより、世界を変えました。これと同じように、ブロックチェーンは世界のどこからでも過去の記録が正しいかを確認できる仕組みです。

先ごろ話題に上った米フェイスブックの仮想通貨（暗号資産）「Ｌｉｂｒａ（リブラ）」もブロックチェーンを利用する構想があります。また、米決済大手のペイパルがビットコインの取り扱いを始めると２０２０年10月に発表しました。メジャーなプレイヤーが主導することから、決済プラットフォームの一翼を担うのではないかと期待を寄せられる半面、既存の金融システムを維持したい政府関連から「待った」をかけられている状況です。

日本では、家具・生活雑貨小売最大手のニトリがブロックチェーンを活用して自社の物流システムを効率化すると報道されています。

インターネットは最初のウェブブラウザー「モザイク」が誕生した１９９０年代初頭から10年たって本格的に普及し始めました。ブロックチェーンはどうでしょうか。２００８年にその原理となる論文が公開されてから、まだ約10年です。

ビットコインから生まれたブロックチェーン

２００８年にサトシ・ナカモト名義でビットコインの論文が公開されました。そこに記述されていた技術がブロックチェーンです。このためよくブロックチェーンとビットコインは混同されがちです。順番でいうとビットコインが先に生まれ、その仕組みをブロックチェーンと呼んだわけです。

では改めて、現金の仕組みとブロックチェーンに基づく仮想通貨の違いを考えてみましょう。両者は紙の辞書とオンライン百科事典「ウィキペディア」みたいな関係です。

例えば紙の辞書で「自転車」という言葉の定義を調べたとしましょう。ページをめくると、紙に印字された何年もの歴史に基づいた定義が書いてあります。その情報は新しい版が出るまで5年ぐらいは変わりません。利用者が辞書の定義を正しいと思うのは、その発行元の出版社を信用しているからです。

では無料のウィキペディアで「自転車」を検索してみたらどうでしょう。ページをめくらなくても定義が表示されます。もしかしたら数時間前に発表された最新の情報が反映されているかもしれません。

図表3
ブロックチェーンに基づく仮想通貨と現金の関係は、
紙の辞書とウィキペディアの関係に似ている

紙の辞書	↔	ウィキペディア
● 更新が遅い（5～10年に1回）		● 更新が早い（リアルタイム）
● 出版社・編者が内容を担保		● 多数の目で確認
● 改竄は困難		● 改竄されてもすぐに修正
● 有料		● 無料（寄付による）

現金、預金	↔	ブロックチェーン
● 更新が遅い（振り込み）		● 更新が早い（リアルアイム）
● 銀行と中央銀行が担保		● 多数のユーザーによる認証
● 改竄は困難		● 改竄は困難
● 銀行システムの維持にコスト		● ユーザーの負担により比較的安価

けれどもなぜこの情報を正しいと思うのでしょうか。情報の編集履歴は誰でも参照できますし、誰でも修正できるので、間違った情報を書き込んでもすぐに修正する人が現れるのです。この仕組みが十分な実用性を担保していると信用するから、数億人が使用しているわけです（図表3）。

1万円札はなぜ1万円の価値なのか

現金はこの例でいうと紙の辞書に相当します。例えば1万円札は、製造原価を考えると偽造防止技術を取り入れているとはいえたかだか30円ぐらいです。実際には運搬コストや現金を扱う機械の導入や管理などのコストもかかりますが、とりあえずそれ

図表4

ビットコインの場合、振り込みをブロックチェーンに
記録しようとすると、それに対応するパズルが参加者に届けられる。
参加者は競争してパズルを解く。
最初にパズルを解くと賞金がもらえるからだ

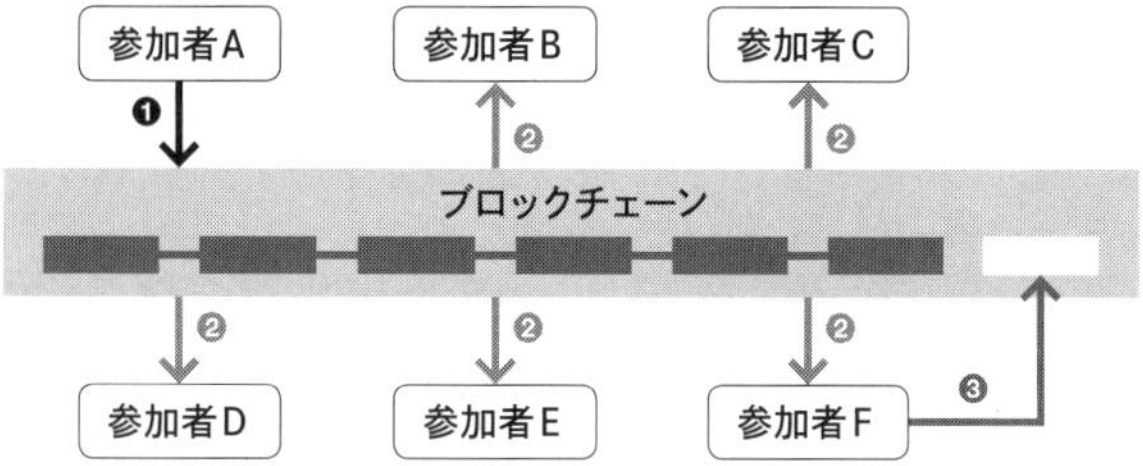

❶ 振り込みの記録を依頼　❷ パズルが参加者に伝えられて解読開始
❸ パズルを最初に解くと賞金がもらえ、ブロックが追加される

は置いておきます。

これに「1万円」の価値があると思うのは、なぜでしょうか。それは日本銀行を信頼しているからです。辞書では出版社を信頼していたように、日本銀行や日本政府、さらには納税者がきちんと税金を納めるという信用があるから1万円の価値を認められるのです。

ではブロックチェーンではその信用をどうやって形成しているのでしょう。ある取引で100万円相当の支払いが発生したとしましょう。ブロックチェーンでは、その取引に参加していないネットワークの参加者全員が競って承認しようとします。承認するには複雑なパズルを解く必要があるの

ですが、これを一番最初に解くと賞金が出ます。なので競い合ってパズルを解くわけです。これが「マイニング」です。

一度解かれたパズルは、解答が皆に配られて確認できるようになります。答えがわかっていれば検証は簡単なパズルなので、ごまかすのは難しいです（図表４）。

こうした取引をブロックとして、チェーンのように長くつないでいきます。仮に矛盾したつながりを持つチェーンが出てきた場合は、長い方を正しいものとして扱います。したがって途中で記録を改竄しようとしても、続くブロックがなくなってしまうので改竄が難しいわけです。

「ブロックチェーンが向いているかどうか」をきちんと見極める

ブロックチェーンは改竄が難しいため、取引などの重要情報をインターネットのようにどこでも誰でも安全に記録できるようになります。例えば、戸籍謄本のデータは地方自治体が保存し管理していますが、そこに問い合わせなければ確認できません。ブロックチェーンの仕組みを使って記録すれば、誰かが管理する必要もなく、安全に正しく認証されたデータとして取り出すことができます。大学の卒業証明書や、ダイヤモンド、ワインの産地をブロックチェーンで認証しているところもあります。

数年前までは認証にかかる時間など課題はありました。現在はいろいろなブロックチェーンが開発され、課題が解消されつつあります。ウェブブラウザーが遅くて使いにくかったり、機能が低かったりしたのが、バージョンアップによって使いやすく便利に進化するのと同じです。ウェブブラウザーの価値が高まったのは、多くの人がサイトやサービスを作ったからです。これからブロックチェーンの応用が広まれば、それだけその価値は高まっていくことになります。これをネットワークの外部性と呼びます。

ビジネスに目を向けると、コスト削減のインパクトがあるでしょう。例えば、これまでは何かの証明書を発行するためには、高価なサーバーやデータベースソフトが必要で、維持費を含め多くのコストがかかりました。

ブロックチェーンであればコスト低減が見込めます。特に「パブリック型」と呼ばれる多くのユーザーが使っているブロックチェーンは、データを分散して保持するので、運用コストが安くなる傾向があります。これまでコストがかかりすぎてできなかったサービスを実現できるかもしれません。

ただ、何かブロックチェーンで新しい事業を考える際には、「これは本当にブロックチェーンを使う必要があるのか」をじっくり考えるべきです。例えば仮想現実（ＶＲ）を体験するのに、スマートフォンのウェブブラウザーを使うより専用のゴーグルを使った方がよいのと同じで、ブロックチェーンが最適ではないケースは多々あるからです。

4 テスラの本当のすごさはどこにある？

クルマを停めようと駐車場に入ると、その一区画が全部米テスラの電気自動車（ＥＶ）で占められることがあるほど、米国ではテスラが売れています。２０１８年には約25万台を販売し、高級車の中でも上位に入りました。２０００年代にトヨタのプリウスが爆発的に売れたのと同じような伸び方です。２０１９年3月14日には新モデル「モデルＹ」、11月には「サイバートラック」が発表され予約数も好調です。２０２０年7月には時価総額が車メーカーとしては世界最大のトヨタを抜いています。

これまでとこれからのクルマ

なぜテスラが売れているのでしょうか。やはりそれは「これまでのクルマとは違う」からでしょう。違いを生み出したカギは、テスラ社長のイーロン・マスク氏が異業種出身であることにあります。彼の言葉を借りると「テスラは車輪が付いたコンピュータ」です。だから店舗に行かずともスマートフォン（スマホ）から注文できたり（試乗しなければ約1週間以内に返品できます）、アプリから無線操縦装置（ラジコン）のように動かしたり、自動運転に力を入れたりしているのです。

一方でこれまでの自動車メーカーは、今の利益の源泉であるガソリンエンジン車の開発や販売をおろそかにはできず、EVに会社の資源を100％投じることはできません。ハーバード・ビジネス・スクール教授の故クレイトン・クリステンセン氏が提唱した「イノベーションのジレンマ」に陥る可能性があります。

これまでのクルマでは運転の快適性や値段、燃費の良さ、デザインが焦点でした。ここに新たな差別化の要素として自動運転の性能が加わります。これが市場を大きく転換する可能性があります。技術革新で消費者が求める軸が変わると、市場が大きく転換するから

図表5

テスラをきっかけとして自動車産業が迎える大きな転換点。
自動運転技術と電気自動車が産業を変えつつある

AP／アフロ

EV（電気自動車）
- エンジンのノウハウが不要
- モーターと電池がキー部品

自動運転
- ソフト開発（AI技術）が心臓部
- センサー技術がキー部品

です。馬車から車への転換はおよそ１００年前ですが、当時はもっと速い馬を欲しがっていた人もいたでしょう。しかし多くの人々は、自動車の利便性を選んだのです（図表5）。

そして自動運転が完成すれば、無人タクシーの実現が可能となるため、人件費が7割を占めるという有人タクシーやライドシェアより安く、24時間、メンテナンスの時間以外は自動で走り続けられることになります。自動車は95%の時間、使われることなく停まっているといいますから、無人タクシーが走り回れば車を所有する人が減ることになるでしょう。テスラの時価総額の伸びはこのビジネスモデルの変化も織り込んでいるのです。

優秀なソフト技術者が勝負を決める

自動運転技術を開発するのは自動車メーカーだけではありません。専業としては米アルファベット（米グーグルの親株会社）傘下の米ウェイモや米オーロラ・イノベーションがありますし、配車アプリの米ウーバー・テクノロジーズや米リフト、半導体メーカーの米エヌビディアや米インテルなど、多様な企業が自動運転技術を手掛けています。

自動運転のソフトウェアはまずセンサーやカメラから道路の状況を認識し、どのように車体を動かすかを判断し、車体の制御をするということになります。例えばセンサーなど一つひとつの技術は日本企業の強みでもあります。一方でそれを束ねる状況認識は深層学習（ディープラーニング）の技術が非常に重要で、ここに関しては今のところ米ウェイモなど自動運転技術に特化した企業が先行しているようです。米アップルの「ｉＰｈｏｎｅ」の個々のパーツは性能の良い日本製が使われていたにもかかわらず、デザインという強みで世界を席巻しました。この状況に似たものを感じます。

もともと米国は自動運転技術の開発に熱心でした。ＤＡＲＰＡ（国防高等研究計画局）

は２００４年からロボットカーレースを主催していました。日本でいうとロボットコンテストがイメージしやすいと思います。翌２００５年に初めて完走した優勝チームをグーグルが買収。それから各社が人材争奪戦を繰り広げています。優秀な人材は自分たちで起業することもあります。例えばオーロラ・イノベーションは、グーグルやテスラの自動運転の責任者たちが２０１６年に起業しました。米アマゾン・ドット・コムや老舗ベンチャーキャピタルのセコイア・キャピタルなどから約６００億円を調達して開発を急いでいます。初期の調達額としては非常に大きな額です。

どこも最先端の人材は30代など若い人が多いです。米国の会社は中途入社の人材を活用する文化もあって人材獲得には強く、日本企業は苦戦しています。そうした背景もあり、米企業との提携が盛んです。例えばホンダは米ＧＭが買収して傘下に収めた米ＧＭクルーズと提携しましたし、トヨタはソフトバンクや米エヌビディアと提携しています。

自動運転の技術自体も実際の道路を走行してデータを集めることを重視するのか、それともシミュレーションを重視するのかで実現へのアプローチが変わってきます。例えば、事故のデータは実際の走行データからではなかなか取得することが難しいですが、事故のシミュレーションデータなら毎日何千億回と実行できるわけです。

一見現実のデータを使わないと効率が悪そうですが、実際はそうでもないのです。例えばグーグル傘下の英ディープマインドが作成した囲碁ソフト「アルファ碁ゼロ」は、シミュレーションだけで、プロの棋士の対戦を覚えさせた従来の「アルファ碁」に全勝しました。シミュレーション、つまり膨大なデータを処理できるクラウドを持つ会社が有利になる可能性があります。

自動車会社の枠を超えたテスラの考え方

テスラが人気があるのは、自動運転の性能が他と比べて非常に高いことが理由となっています。逆にいえばテスラより自動運転の性能の高いクルマが出てくると、一気にひっくり返される可能性もあります。例えばＢＭＷの元役員などが設立した中国・拝騰（バイトン）は２０２０年にテスラよりも安く性能が高い自動運転車を発売するといわれています。中国発のスマホが安く高機能という状況と似ていますね。

一方テスラは、既存の自動車会社の枠を超えた顧客サービスの考え方をしています。この辺りは一朝一夕にはまねできないかもしれません。

まず自前の充電ステーションを多数用意しています。電気自動車は電気モーターで動くので静かですが、航続距離がガソリン車に比べ短いのが難点です。そのため出先で15分程度充電する必要が発生します。そこで充電ステーションをショッピングモールなど便利な場所に用意しているのです。専用駐車場なので、他のクルマより便利なところに駐車できます。充電はケーブルをつなげるだけで、特に手続きは必要ありません。テスラのアカウントに登録しているクレジットカードから自動的に電気料金が引き落とされます。

２つ目はソフトウェアのアップデートです。クルマが常にインターネットにつながっているので、スマホのアップデートのように突然ソフトウェアの更新の通知がきます。このアップデートによってエアコンの自動調整機能など新しい機能が追加されていきます。無料でアップデートが配信されると顧客の満足度は上がりますし、またいつ始まるかは未定ですが「完全自動運転モード」というのが50万円ほど追加すると予約できるというボタンもアプリには表示されています。

３つ目は道路さえも造ってしまう点です。マスク社長が暮らしているロサンゼルス市は渋滞がひどく、せっかくの自動運転を使っても移動にかなりのストレスがかかります。そこで彼は地下にトンネルを掘る技術会社を作り、トンネル内でクルマをコースターに乗せて移動させてしまう仕組みを２０１８年12月に実現させました。今はテスト段階ですが、これから徐々に拡大していくものと思われます。顧客（社長自身も含む）の快適性のためならばトンネルを掘ることも発想し、実現してしまうこの構想力こそがこれからのモビリティには求められているのかもしれません。

「アップルTV+」は月4・99ドルで
ひとつのアカウントを家族で使うことができる
（2019年9月）＝AP／アフロ

第2章
データは次の石油である

誤解

データの時代というからには、データを集めて高く売る方法を考えるべき

「データの時代」とよく聞くようになりました。しかし、やみくもにデータを集めても、あまり意味はありません。何のデータをどこからどうやって集めて、それを自社のビジネスにどう生かすのか。第2章ではＱＲコードや動画、フィンテック（保険）、スーパーアプリなどの事例から、データの活用について考えていきましょう。

1 データでおもてなしってどういうこと?

ビジネスに有効活用できるようになったわけ

米国では「データは現代の石油」という言葉をよく聞きます。思い起こせば1970年代、世界の純利益のランキングの上位を石油会社がほぼ独占していました。令和になった新時代の株式時価総額のランキング上位は「GAFA」「GAFAM」などと呼ばれるプラットフォーマー、すなわちデータを活用している企業が多数派です。これは偶然なのでしょうか。

石油は火力発電に使われるほか、自動車のガソリンに精製されたり、各種プラスチックなどの石油化学製品に使われたりするなど、人々の生活に欠かせないものです。一度油田を掘り当てると、石油は一定期間湧き続けます。これを貯蔵しておいて必要な分を一定の価格で販売し、利益を得るのが石油会社のビジネスです。かなり大きな初期投資が必要な

源泉	用途
スマホなどを利用した際の利用者の行動(端末情報を追跡)	サービスの無料化や利用者へのおもてなしのほか、革新的なビジネスの開拓に貢献
油田(一度掘り当てると長年続く)	火力発電など人々の生活になくてはならないエネルギー

ため、大手の石油会社数社が世界の市場をカバーしています(図表6)。

プラットフォーマーが収集するデータは、スマートフォン(スマホ)やパソコンから取得しています。住んでいる地域や、クリックした広告の分野、「いいね」した記事のカテゴリーなどを、個人を特定できないようプライバシーにも配慮しつつ収集しています。

こうした情報は個々で見ると、すぐにマネタイズできるような高い品質のデータとはいえません。そのためこれまでは、あまりビジネスに有効活用できていませんでした。

しかし米アマゾン・ドット・コムや米グーグルなどは、大量のデータを処理できるデータセンターを作って情報を貯蔵するコストと処理するコストを飛躍的に下げ、かつてない量のデータを貯蔵できるようにしました。さらにその大量データを、深層学習を利用したAI技術に適用して、

図表6
データは現代の石油といわれる理由

	投資	シェア
データ産業	初期投資（インフラ）と人材投資が巨額	数社で寡占
石油産業	初期投資が巨額	数社で寡占

ユーザーの行動や嗜好などを解析できるようにしたのです。その結果、今まで見えなかったデータの相関関係が浮かび上がり、ビジネスに反映できるようになったのです。

これまでビジネスに反映できなかった原理は「情報の非対称性」といいます。

データによる「お・も・て・な・し」

情報の非対称性とは、Aさんと Bさんがいたとして、何かのやり取りをする際に、お互いについて把握していることは同じではないということを指します。

例えば旅館で考えてみましょう。おかみさんが利用客を「おもてなし」したくても、利用客がまったく新規でどんな人かわからなければ、通常通りのお茶菓子や飲み物を用意するしかありません。しかし2度目の訪問で、最初の時に会話をしてどんなお茶菓子が好きかとか、出身地域を聞いていたりすれば出すお茶菓子や飲み物を変えてより丁寧なおもてなしができるわけです。新規でもそうした情報があれば対応が可能です。

こうした利用者に関する情報は、さまざまなビジネスに応用できます。その一つは広告です。スマホのウェブサイトに表示される広告の枠に何を表示するかを考えてみましょう。一般向けの広告を出してクリックされる率が1％とします。もしスマホの持ち主がチョコが好きらしいことがウェブサイトの閲覧履歴などからわかっていれば、チョコの広告を出すとクリックされる確率が高くなるはずです。仮にそのクリック率を2％とすると、広告の売り上げは元の2倍になるわけです。100億円だとすると200億円になります。この100億円を生んだのはデータによる「おもてなし」なのです。

同じことがｅコマースにもいえます。商品を表示する順番を変えれば、購入に至る可能性が高まるのです。例えばひげそりに興味がある利用者らしいとわかれば、ひげそりの商品を最初に表示するといった具合です。購入に至る可能性が上がって、売り上げが100億円から120億円に伸びるかもしれません。

これは金融取引や保険でも同じです。例えば企業に融資する際、これまでは業種や過去の貸借対照表、収益表、設立年数や従業員数に加えてわずかな自己申告の情報で金利や貸

図表7

利用者が適切にデータを事業者に提供できれば、
サービス事業者はデータを活用してより良いサービスを提供できる。
例えば定期的に運動して健康を保つ利用者なら、
その運動履歴を伝えることで保険料を下げられる

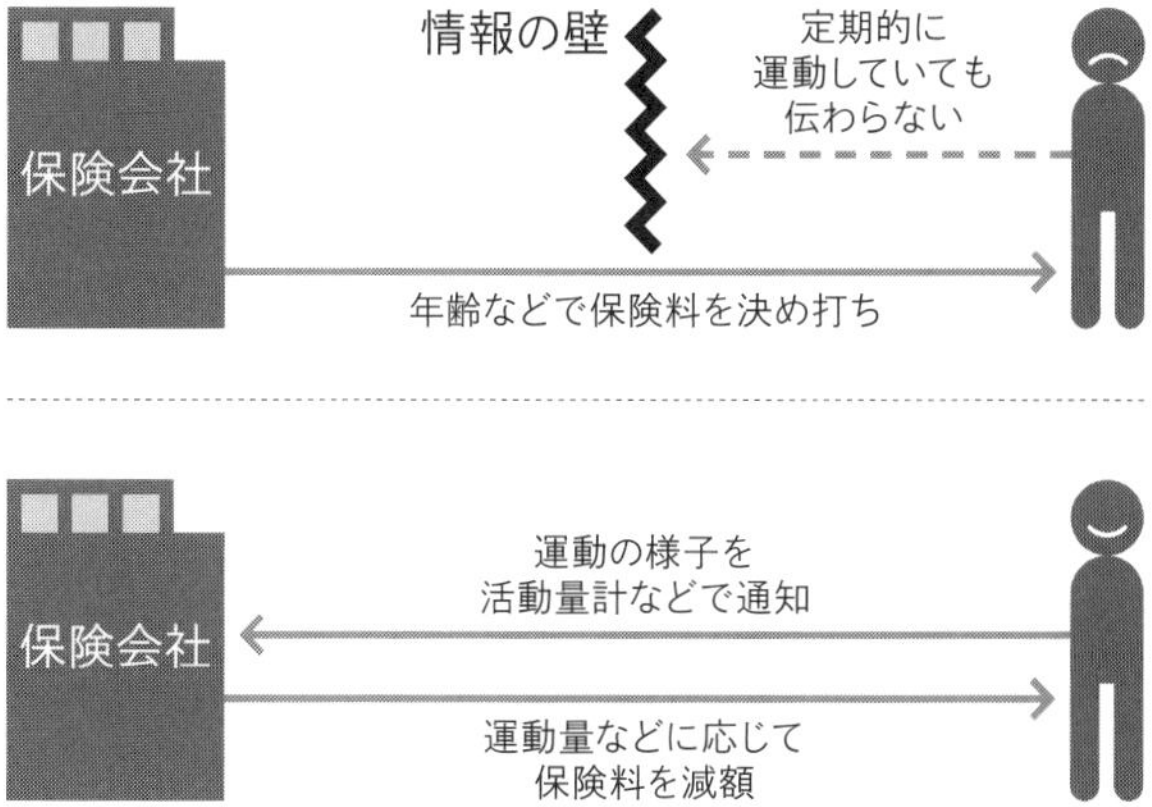

し出しの是非を判断していました。情報が少なければ、安全のためどうしても金利は高くなってしまいます。しかしその会社のクラウドにアップロードされている最新の貸借対照表や収益表を見ることができれば、これまでの金利より安く貸し出すことができるかもしれません。

　医療保険でも最近になって、日々の運動や健康状態をウェアラブル端末で収集して健康な被保険者には保険料を安くするサービスが出てきました。運動することをポイント還元などによって奨励することで、被保険者が進んで運動するようになって健康になると同時に、保険会社は支払保険料が少なくなる、というメリットがあるのです（図表7）。

自動車の運転状況をモニターできれば、自動車保険の保険料も下げられるでしょう。急加速や急ブレーキの頻度、急ハンドルの様子を把握することで、事故率が高い若者世代でも、安全度が高ければ安く済むわけです。また急加速や急ブレーキが多い場所の情報を蓄積して、他のドライバーに安全運転を促すサービスも実現できます。被保険者は保険料が安くなり、保険会社は事故が減って支払保険料が少なくすることができるのです。

石油と違って、日本にもチャンスがある

データがあればユーザーの利便性を向上させられるので、結果的に売り上げや利益を増やせます。そのためプラットフォーマーは、プライバシーに配慮しつつデータ収集に取り組んでいるわけです。特に広告はその影響が大きく、読者がお使いの無料アプリやインターネットの無料サービスはほぼこのデータの活用によって成り立っています。プラットフォーマーが広告サービスを手掛けているのを見ても明らかでしょう。

若い世代は「無料になるし、特に個人が特定されるわけでもないので自分のデータを活

用されても気にしない」かもしれません。一方で自分のプライバシーが侵害されていると心配する利用者もいるでしょう。ただとはいえ従来の枠組みを超えた新しい試みで、これまでとは一線を画した「破壊的イノベーション」を伴う新しいサービスはプラットフォーマーから生まれることが多いので、その付き合い方はご自身で調整するようにしましょう。実際、どうしても知られたくない情報は削除できる機能を付けているサービスも多いのです。まずはデータの「おもてなし」を活用してみてください。

石油は、地理的な制約で日本は利益を得ることはできませんでした、しかしデータならば、世界でも最大級の人口密度を持つ東京など多くの都市で収集は可能です。さらに次世代通信規格「５Ｇ」で、これまでよりもデータを収集しやすい環境は整っています。プラットフォーマーでなくとも、クラウドサービスやＡＩを活用できる環境も広がっています。データを活用すれば日本企業も十分戦えるはずです。

2

なぜQRコード決済が乱立するの？

２０１８年から急速に「ＱＲコード決済」が注目キーワードになっています。特に同年、ヤフーとソフトバンクが共同出資するスマートフォン（スマホ）決済会社ＰａｙＰａｙ（ペイペイ）が「１００億円還元」で話題になりました。ほぼ同時期にＬＩＮＥが「ＬＩＮＥペイ」を始め、２０１９年に入ってみずほ銀行が「Ｊコインペイ」を発表しました。メルカリの「メルペイ」は電子マネーでスタートしましたが、ジェーシービー（ＪＣＢ）が開発したＱＲコードの規格「スマートコード」を採用して対応しました。

携帯電話事業者もＮＴＴドコモが２０１８年４月に「ｄ払い」を始め、ＫＤＤＩも２０１９年４月から「ａｕペイ」を始めました。なぜ各社が競って取り組んでいるのでしょうか。ＱＲコード決済において数少ない独立系の「オリガミ」は、２０２０年１月に実質的に経営破綻してメルカリへの身売りを余儀なくされ、その競争の激しさをうかがわせます。

実際に使った方ならおわかりでしょうが、ＱＲコードを使った決済はわざわざスマホのアプリを起動しなければ使えません。電子マネー用IC「FeliCa（フェリカ）」を採用した「Suica（スイカ）」などに比べ、使用感でも技術面でも後退しています。にもかかわらず、各社キャンペーン合戦を繰り広げるなど、とてもホットな市場になっているのです。

現金は実は非効率的

QRコード決済について考える前に、そもそもなぜ政府がキャッシュレスの利用を呼びかけ、現金使用比率を下げようとしているのか考えてみましょう。ここにいつも使っている1万円札があるとしましょう。このお札は1万円の価値がある紙幣として使えます。しかし、この1万円札が利用者の手元に届くまでには、意外に多くの手間がかけられています。例えば印刷技術の開発。高度な偽造防止技術を組み込むための技術開発が必要ですし、それに対応した印刷にもコストがかかります。これを銀行まで輸送するのも負担がかかります。輸送には警備も必要です（図表8）。

さらに利用者は銀行からお金を下ろして初めて使えるようになるわけですが、そのために銀行はATMネットワークを運用しなければなりません。また支店を維持する費用もか

図表8

現金には隠れたコストがある。
このため政府などはキャッシュレスを推進したい意向がある。
一方先行したクレジットカードや電子マネーの場合、
特に小売業者に明らかな負担がある

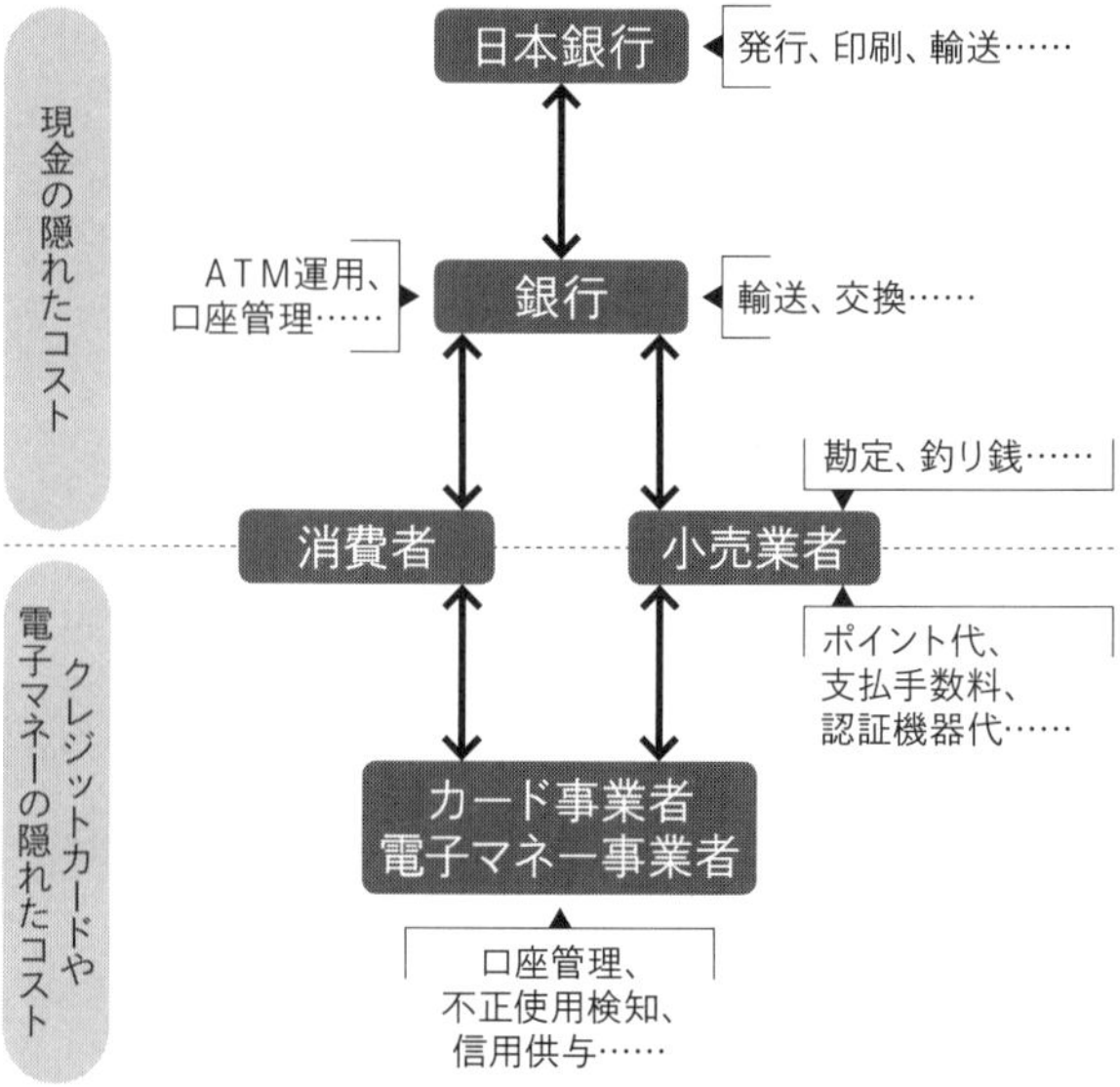

かります。一方、利用者にとっても、銀行での待ち時間や出納管理のためにお金を勘定して確認したりする必要があります。店舗ではお釣りを用意したりする手間もかかります。

クレジットカードは店舗に大きな負担

これまでキャッシュレスというと、代表的な決済方法がクレジットカードでした。クレジットカードを使えば、先ほど挙げたような現金にかかる隠れたコストは解決されます。しかし、これとはまた違った別の負担が店舗側に生じます。例えばクレジットカードを読み取る機器を購入すると、5万円ほどかかります。さらに店舗にとって大きいのは決済手数料です。決済をした売り上げから3〜7%が手数料としてクレジットカード会社に差し引かれてしまうのです。例えば居酒屋の売り上げが1000万円で費用が900万円だったとしましょう。利益は100万円となるわけですが、このうちクレジットカードで決済した分は手数料で5%が差し引かれます。売り上げが全部クレジットカードだと、ここから50万円取られるわけです。つまり利益が100万円から50万円へと、半分になってしまうのです。

この仕組みはSuicaなどの電子マネーでも同じで、読み取り機の代金と手数料が大きなボトルネックです。消費者としては、価格は同じで便利、しかもポイントが付くなどメリットは多いのですが、お店側としては少し困ります。ポイントも、お店から徴収する手数料の一部が還元されているにすぎません。手数料は一般的なレジだとだいたい4～7％くらいが相場です。スマホやタブレット端末を利用してカードを決済できる米スクエアの「スクエア」やリクルートライフスタイルの「Ａｉｒレジ（エアレジ）」は３％台と少し手数料は安くなりますが、ゼロにはなりません。

ＱＲコード決済は手数料がほぼ無料

これまで日本はＳｕｉｃａが便利すぎて、ＱＲコード決済への需要が高くありませんでした。ところがＰａｙＰａｙやＬＩＮＥペイは、「決済手数料ゼロ」を売りに加盟店を拡大しています。これはＱＲコード決済が普及している中国でも同様です。中国では「ＷｅＣｈａｔ　Ｐａｙ（ウィーチャットペイ）」と「Ａｌｉｐａｙ（アリペイ）」が９割近くのシェアを占めていますが、彼らの手数料はなんと０％に近い水準です。

決済手数料をゼロにしてでも普及を進めるのは、データを活用できるからです。ＱＲコード決済を使うためには個人情報の登録が必須です。例えばアリペイの場合、個人情報と購

図表９
QRコード決済では小売業者の決済手数料負担が小さい。
決済事業者はそこから収入を得るのではなく、
広告やマーケティングなどに購入履歴などの情報を生かす形で
収益を上げるからだ

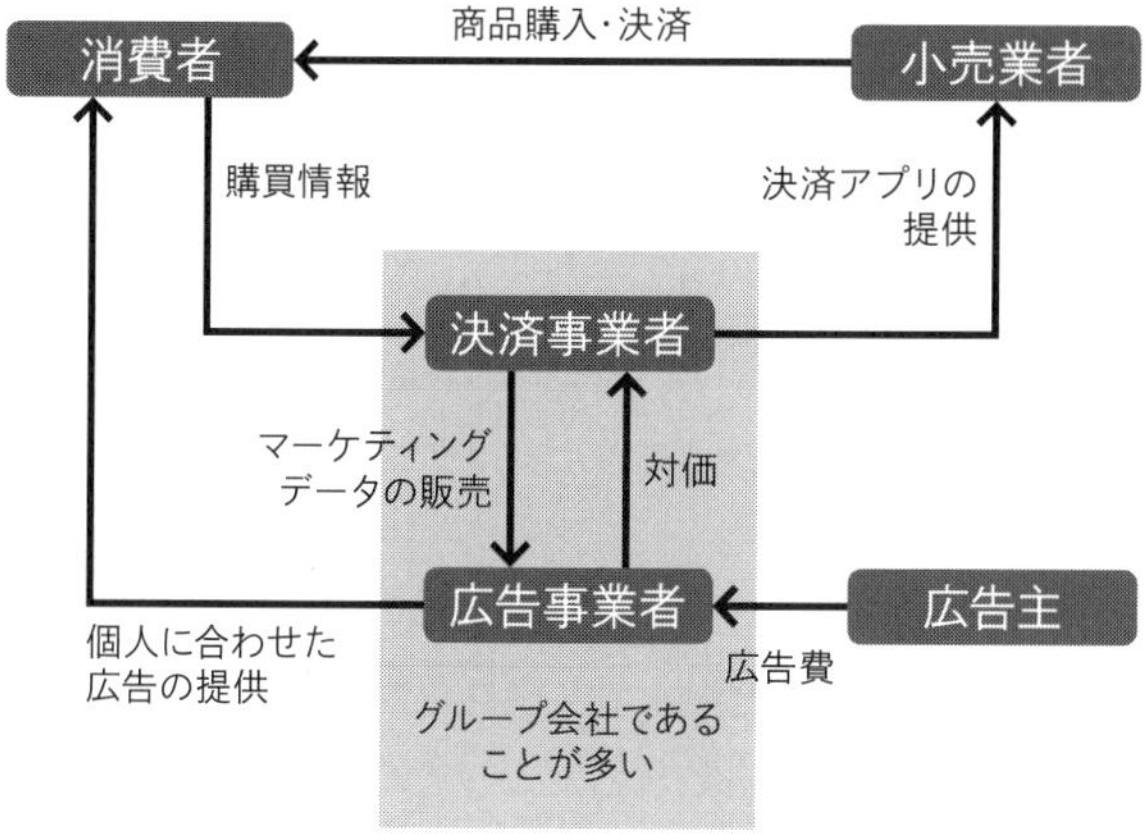

買した商品名、金額が１日に２億件のデータとして蓄積されます。

このデータの活用こそ、手数料ゼロを生み出す秘訣です。例えば広告です。決済履歴データに基づいてチョコが好きと思われるユーザーがわかれば、メーカーはより効果的な広告を打てると判断するでしょう。これで１０００億円の売り上げが１３００億円に伸びるのであれば、１００億円を広告費として出しても元は取れるわけです。このようにして決済手数料を取らず、決済アプリを無償で配ってもビジネスは成り立つのです（図表9）。

したがってQRコード決済は基本的に決済以外のビジネスも手がけ、ある程度資金力がある企業でないとなかなか難しいところがあります。また取得するデータの量も分析には必要です。今の日本のように多くのQRコード決済会社がデータをそれぞれ持つというのはあまり効率的ではありません。プライバシーに配慮したうえでどこかでデータを相互活用するプラットフォームの必要性が出てくるでしょう。また以上からわかるように、決済手段としてQRコードを使う必然性はありません。将来は顔認証など別の技術が利用されるようになってもおかしくないでしょう。

なぜ乱立しているのか

最後になぜ2018年なのかを説明します。日本は世界的にも現金志向が強い国です。クレジットカードを含めても、キャッシュレスによる決済は2018年では約20％程度です。これはとても低い数字です。例えば米国では約半分ほどの決済がキャッシュレスです。

キャッシュレスが浸透しない理由はいくつかありますが、その一つは資産と年齢の関係があります。日本の家計資産残高は1800兆円程度あります。平均すると一人当たり1

500万円程度なのですが、実際には60歳以上の人々が半分以上を保有しているといわれています。60歳以上の方はクレジットカードやスマホの所持率があまり高くなく、現金を使いがちです。多くの消費者が現金を使うのであれば、店舗側もキャッシュレスの機器を新たに導入するメリットがあまりないわけです。

しかし2020年の東京五輪・パラリンピックを控え、年間約3000万人の観光客が日本を訪れていました。現金しか使えない店舗が多いと、観光客にとっては大変不便です。このため政府は2019年10月から一定期間、キャッシュレスでの決済があれば2〜5％を還元する方針を出しました。

ここで多くの人がキャッシュレスに移行すると見込まれたのです。新型コロナウイルスの感染拡大により、東京五輪・パラリンピックの開催は延期となりましたが、自社のサービスを使ってもらうため、ユーザー獲得競争は続いています。

国はキャッシュレス推進、事業者はデータの活用、小売店は負担の少ない決済手段の導入という目的が合致しているのです。しかし最初に利用するユーザーは、すでにSuicaなどの電子マネーを活用している利用者とも重なるでしょう。こうしたユーザーが、少し手間はかかるけれど還元率の大きいQRコード決済にどの程度反応し、そして定着するのか。またクレジットカードもあまり使わない層が新規にキャッシュレスを受け入れるのか。今後の焦点になりそうです。

3 動画とAIの深い関係

AIは動画が得意

米アップルは2019年9月のメディア向けイベントで、動画配信サービス「アップルTV+」を同年11月から始めると発表しました。家族6人まで使えて月額4・99ドル（日本では月額600円）で、アップル製品の購入者は1年間無料で利用できます。かなり攻めた価格設定です。

アップルがこうした姿勢を示すのは、映画やテレビを含む動画業界が大きく変わろうとしているからです。「AI」「クラウド化」と次世代通信規格「5G」という、大きな波が一気に押し寄せてきました。

ＡＩと動画は一見縁遠く、ピンとこない読者もいらっしゃるかもしれません。しかし現在のＡＩが得意なのは画像解析です。そして動画は、画像を連続させたものに自然言語による音声が付随したものと考えることができます。後でご説明するように「現在のＡＩは画像解析、音声解析、自然言語処理しかできていない」のですが、実は動画はこれら3要素をすべて使っているのです。

ネットフリックスが成長している理由

動画へのＡＩ適用で代表的なのは、日本でも有名になりつつある米ネットフリックスでしょう。１９９７年に創業した同社は、ＤＶＤの郵送レンタルサービスからスタートしました。創業者のリード・ヘイスティングス最高経営責任者は米スタンフォード大の大学院でコンピュータサイエンスを学び、ソフトウェア開発ツールの企業を立ち上げました。それを売却後に自身の経験からビデオのレンタル延滞料に疑問を持ったのです。延滞料のない月額制のモデル、今でいうサブスクリプションモデルでＤＶＤの郵送レンタルサービスを始めます。

しかし当時からデータを有効活用する視点を持っていました。いずれストリーミングサービスが主流になると考えていて、動画配信サービス「ユーチューブ」が２００６年に成功したのに続き、米国での初代ｉＰｈｏｎｅ発売と同じ２００７年にストリーミングサービスを開始しました。権利の処理には大変な苦労があったようですが、映像の制作は手掛けておらず、当時は小さい企業だったため大手には警戒されませんでした。こうして徐々に作品配信権利を取得していきます。アップルが音楽関連の大手企業ではなかったがゆえに、「ｉＴｕｎｅｓ」で配信権を取得できた背景に似ていますね。

ストリーム配信なので、視聴者が動画をどこで早送りしたか、どこで繰り返し再生したか、途中で停止した場所などのデータを収集できます。一方でＡＩによって、どのシーンにどんな人物、どんな物体が表示されているかもわかります。音声や、字幕のデータを解析すれば、どのようなシーンなのかがわかるわけです。これらを組み合わせれば、何が視聴者に響いているかが解析できます。

もちろんどの顧客にどのような映像作品の人気が出やすいかも解析します。またネットフリックスの最初の画面に表示される動画の順番や宣伝文句、表示する画像を、顧客の住所や性別、年代によって細かく変えて、推奨方法の効果に関するデータも蓄えています（図

図表10

AIやクラウド、5Gによって
動画を巡る状況は大きく変わろうとしている。
ネットフリックスが大きく成長しているのは、これらを利用して
顧客満足度を向上させることに成功しているからだ

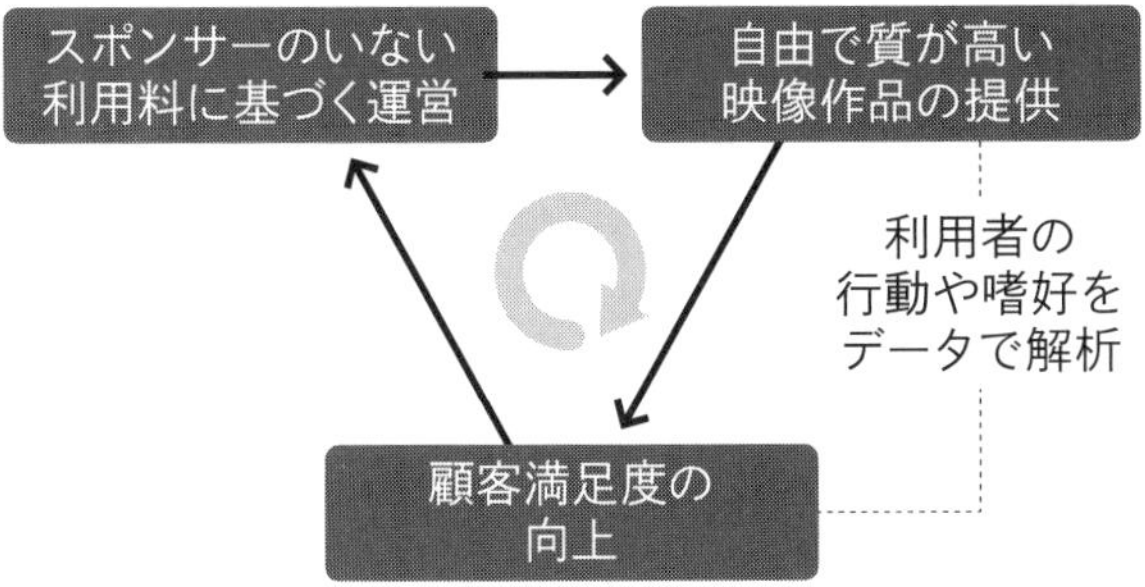

表10）。

こうしたデータ解析によって会員の満足度は上がり、その会費の収入とデータからさらに良い映像作品を作ることが可能になっています。ネットフリックスの場合は会費からの収入なので、一般受けよりも、各年代や職業の人に深く共感される作品を作ればよく、作品の自由度が上がります。

最近では日本のネットフリックスが「全裸監督」という番組を制作しました。アダルトビデオ制作をテーマにした番組なので、当然一般受けはしませんし、おそらくテレビで放送することはできないでしょう。これが一定層からの好評により、続編の制作が決定しました。この作品は海外のネット

フリックスでも同時に配信されており、日本だけでなく、世界の会員に届けられています。

20億人のプラットフォームに匹敵

ネットフリックスが制作費にあてている予算は、近年全世界で1兆円に迫るといわれています。平均的な放送局が使える制作費である数百億円の数十倍になります。さらに放送局の場合、コマーシャルスポンサーからの収入に支えられているので、思い切った制作には制限があります。

2019年にはネットフリックスで「FYRE：The Greatest Party That Never Happened（邦題 FYRE：夢に終わった史上最高のパーティー）」というイベント詐欺事件の裏側に迫ったドキュメンタリー番組や、片付けの魔法で有名な近藤麻理恵さんの番組「Tidying Up with Marie Kondo（邦題：KonMari 人生がときめく片づけの魔法）」がヒットし、9月のエミー賞の候補にノミネートされました。こうしたヒットが続くのも、共感する人にしっかり届く仕組みがあるからだといえるでしょう。

会員数1億人近くの有料動画サイトがここまで反響を呼ぶ現象は興味深いものがあります。日本人発で世界的に話題に上った動画としては、ユーチューブに投稿された「ペンパイナッポーアッポーペン（ＰＰＡＰ）」があります。こちらは無料で20億人程度の視聴者がいるプラットフォームです。グーグルトレンドで「ｋｏｎｍａｒｉ」と「ＰＰＡＰ」を比較してみるとほぼ同じくらいの人気度でした。会員数1億でも20億人のプラットフォームに匹敵する影響力があることを示したといえるかもしれません。

このようにストリーム配信できるのも、クラウドサービスを活用したおかげです。おそらく日本のテレビ局にもこれまでの膨大な魅力ある映像が存在するはずですが、それらをクラウドで画像解析ができたり、配信できたりする体制にしているのはごくわずかなのではないでしょうか。権利処理にも大変な労力がかかることが予想されます。

ただ、視聴者がどのシーンで反応を示したかというデータは視聴率と同じくらい貴重なデータのはずです。実際外国の動画サイトには字幕付きで、日本のテレビ番組の面白いところだけを数十秒切り取った動画が多くアップロードされています。

クラウドを使って見る人が少しでも多数のコンテンツをそろえれば、ちょっとずつの売り上げを多数のコンテンツでカバーできます。いわゆるロングテールです。これをうまく使えば売り上げにもつながるのではないでしょうか。

最後の要素となるのが５Ｇです。日本でも２０２０年以降に本格的に始まる５Ｇで、動画サービスの勢いは加速します。何せ2時間の映画であっても5秒程度でダウンロードできてしまうのです。いつでもどこでも動画を見ることができるようになるはずです。現在の写真と同程度の手軽さになるからです。

業界再編の波は日本にも

米ウォルト・ディズニーが動画ストリーミングサービスの「Ｈｕｌｕ（フールー）」を買収したり、アップルがスティーブン・スピルバーグ氏に動画の制作を依頼しているのは、動画コンテンツが配信サービスにとっての命綱になるからです。ネットフリックスがいち早く日本のアニメ業界の質の高さに目をつけ、日本のアニメーション制作会社複数社と契約を結んだのも同じ狙いといえます。

規模で負けている米のテレビネットワークのＣＢＳが、映画会社米パラマウント・ピクチャーズやＣＡＴＶ向け音楽専門チャンネル「ＭＴＶ」を傘下に持つ米バイアコムと経営統合することで合意したのも、こうした流れのなかで生き残りをかけているからです。

業界再編の波は日本にもいずれやってきます。外資系が攻勢をかけてくるのは明らかでしょう。音楽配信サービスのように、気付けば収益の約7割を外資系に取られてしまうということになりかねません。ａｕがネットフリックスと、ＮＴＴドコモがディズニーとの提携を発表しましたし、楽天は映画配給や制作を手掛けると発表しました。過去の良質な動画や、映像化ライセンスを保有するテレビ局の動向も注目されます。

4 テクノロジーでなぜ保険が進化したの？

保険にＩＴを融合させた「ＩｎｓＴｅｃｈ（インステック）」という言葉が使われるようになりました。保険の「Insurance」と技術の「Technology」を組み合わせた造語です。

先頭を走る企業が中国にあります。中国平安保険は１９８８年に深圳で設立された保険会社です。創業時から新しいＩＴを積極的に取り入れて急成長を果たし、中国四大保険会社の一つに数えられるまでになりました。クラウドサービスやＡＩなどを積極的に取り入れ、保険審査の自動化で効率化を果たしています。グループとして証券業やヘルスケアサービスにも進出し、時価総額はトヨタ自動車と同規模の20兆円近くに達しています。最近は米国の自動車取引サイトを買収し、自動車ローンと自動車保険のビジネスを拡大しています。

日本では、保険や銀行などの金融ビジネスに、異業種やスタートアップが技術を駆使して「フィンテック」企業として殴り込みをかけています。中国平安保険の場合、逆に金融業界から他のビジネスを統合しにいっているわけです。

ほかにも米アマゾン・ドット・コムが金融大手のJPモルガン・チェース、著名投資家ウォーレン・バフェット氏率いる投資会社バークシャー・ハザウェイと手を組み、新しい保険サービスを開発しています。米アップルは医療保険大手の米エトナと2019年4月に「アテイン」というアプリで、スマートウォッチ「アップルウォッチ」から取得する健康情報に基づいて、運動や睡眠など健康増進につながる行動に対してポイントを付与するサービスを始めました。

保険の仕組みを考えながら、テクノロジーが保険ビジネスにもたらす意味を解説しましょう。

保険の基本は互助

そもそも保険とは、なにか問題が発生したときの互助手段です。例えば参加者が１００人いるとしたら、１人が病気になったときに元気な99人が補助を出すというのが基本的な考え方です。

保険会社はそこに手数料を乗せて、１００人に保険料を請求します。保険料がどのように算出されているかをご存じでしょうか。これまでは過去の病気や事故の統計に基づいて、年齢に応じて起こる確率を計算しています。つまり個人の特性や将来の行動までは考慮に入っていませんでした。保険会社は損をしないように、手数料はある程度保守的に設定されています。

例えば生命保険が作成している「生命表」は、年齢に応じて死亡する人の確率を過去のデータに基づいて算出しています。各個人の特徴はあまり考慮されていません。自動車保険でもよく「35歳以上」で区切っていたりするのも同様です。

しかしアップルウォッチを使えば、インターネットを通じて健康情報をリアルタイムに取得できるわけです。そのデータを利用すれば、個人個人の健康状態に基づいて保険料を算出できます。結果として保守的な保険料より安くできる余地があるので、アテインではそれをポイントとして還元しているわけです。

アップルウォッチが送る情報は利用者が介在しないので、保険会社をごまかすことができません。仮にごまかせるような情報を使うとしたら、ごまかしている可能性を考慮して還元するポイントを設計することになります。逆に保険会社が不健康な利用者を検出するのに使うのは、保険の目的からするとしてはいけない行為です。「クリームスキミング」といって、健康な人ばかりを集めれば保険料を安くできるのは当然だからです。

保険の目的は病気になるリスクを分散し相互扶助することにあります。法律など経済合理性とは別の基準でこうした規制をしています。

損害保険も同じ原理

保険会社が、被保険者についてこれまで知らなかったことを、あらゆるモノがネットにつながる「ＩｏＴ」を活用してリアルタイムに把握できると、お互いにハッピーになれるのです。

例えば自動車保険でもこうした取り組みがあります。最近の自動車はコンピュータ制御

図表11
インステックが実現する新しい保険の形

ポイント	これまで	これから
保険料の試算	生命表など類型化されたパターンに顧客を当てはめる	個人の健康データなどから細かくシミュレーションをして、個人に合わせる
保険の審査	書類を見て人が判断	AIで自動審査
保険に加入後の保険料	変化しない。保険があることに安心して不健康になることや、危険な運転をしてしまう可能性もある	健康保険であれば運動や健康講座の受講で保険料を割り引く。自動車保険であれば運転履歴で安全運転を続ければ保険料を割り引く
保険料の支払い	人が介入して査定し、人が支払う	事故を起こした写真などの証拠を提出するとAIで自動的に査定して、指定した口座に振り込む

で、検査の際にコンピュータに蓄えた情報を取り出すインターフェースが用意されています。日本だと車検や定期検査の際に使われます。

そこにスマートフォンなどを経由してデータを収集する仕組みを付けます。リアルタイムでデータを収集して、どこで急ブレーキを踏み、急発進をしたかなどがわかります。こうした情報に基づいて安全運転をしている人にはポイントをあげたり、保険料を減らしたりといったサービスを実現できます（図表11）。

この考え方は貸し付け（ローン）にも適用できます。例えば会社に貸し付けるときにクラウド会計のシステムを通じてリアルタイムに健全性をチェックするのです。健全性がわかれば貸出利率を下げられると判断できるからです。

中国では個人のオンラインでの振る舞いやデバイスで取得できるオフラインでの行動に基づいて信用度を評価する「芝麻信用（ジーマスコア）」も登場しています。スコアが高ければサービスなどで割引や処理順の優先を受けられるなどの特典が用意されています。就職で有利になったり、物件を借りやすくなったりするメリットもあるようです。

このような情報を入手した保険会社ほど、より良い保険が作れるようになります。そのため各社が競争してデバイスを割引したり、場合によってはタダで配ったりしてまで情報を入手しようとしています。プライバシーに配慮をしなければいけないのはもちろんです。次世代通信規格「５Ｇ」の時代になれば取得できるデータも増えるでしょう。今後データによって正直者をより優待するサービスは増えてくると思われます。

5 なぜ今注目、スーパーアプリとは？

金融からコミュニケーションまでを完結

２０１９年のテクノロジーベンチャー界の最大の話題は米ウーバー・テクノロジーズの上場でした。国内だとヤフーを運営するＺホールディングスとＬＩＮＥの経営統合が一番大きなトピックだったのではないでしょうか。これら２つの話題は一見関係なく見えますが、実は「スマートフォンを通じて利用者の生活すべてを支えよう」という考え方が共通しています。

こうした考えに基づくアプリを「スーパーアプリ」と呼びます。１つのアプリで多種多様なサービスを使うことができ、金融サービスからメッセージによるコミュニケーションまでを完結させるものです。有名なものでは中国・騰訊控股（テンセント）のメッセージアプリ「微信（ウィーチャット）」や中国アリババ集団の「支付宝（アリペイ）」がそもそもの起源です。ウーバーもヤフー＋ＬＩＮＥ連合も、自社のアプリをスーパーアプリに仕立てていこうとしています。

スーパーアプリとしてさまざまなサービスをひとまとめにすると、多様なデータを収集できるようになります。これがプラットフォームとしては魅力なのです。仮に食事のデリバリーや送金、ＱＲコード決済、配車サービスを別々に使っているとしましょう。そうするとＱＲコード決済でインスタントラーメンを購入した利用者はラーメン好きだと想定できますが、デリバリーアプリが別だと開いた時にラーメンを提案できないわけです。個人に合わせた「おもてなし」を提案するチャンスを逃してしまうのです。

１つのアプリでサービスを提供できれば、こうしたデータの共有が容易になります。利用者はサービスごとにアカウントやクレジットカード情報を登録する手間がなくなるメリットがあります。

ヤフーとソフトバンクグループが展開する「ＰａｙＰａｙ（ペイペイ）」はＱＲコード決済サービスで先頭を走っています。またネット通販「ペイペイモール」にも力を入れています。一方、ＬＩＮＥは日本のメッセージアプリでは断然使われています。ヤフーが以前カカオトークを買収しても追いつけませんでした。さらに保険サービス「ＬＩＮＥほけん」や株取引サービス「ＬＩＮＥ証券」など金融にも力を入れています。経営統合にあたり、お互いのサービスを統合してスーパーアプリを作る構想を打ち出しています。

モビリティサービスから進化

しかし、なぜ今なのでしょうか。ウィーチャットやアリペイ、ウーバーばかりでなく、スーパーアプリが東南アジアに相次ぎ登場。時価総額１兆円規模という巨大な規模で、いつ日本に上陸してもおかしくない状態だからです（図表12）。

東南アジアにはシンガポールを中心とするグラブとインドネシアを中心とするゴジェックがあります。ゴジェックの創業者は最近、辞任してインドネシアの閣僚になると発表し話題になりました。

この2社は配車アプリから出発して独自の進化を遂げ、今や東南アジアにおける生活に欠かせないスーパーアプリになっています。単に「アジア版ウーバー」の配車アプリと認識していると大きな誤りになります。

グラブはマレーシアのクルマ部品企業の財閥出身であるアンソニー・タン氏が２０１２年に、米ハーバード・ビジネス・スクールのクラスメートだったタン・ホーイリン氏と共

図表12

世界には多数のスーパーアプリがある。
多様なサービスに対応したアプリが、特にアジア圏で成長している

世界のスーパーアプリ

事業者	グラブ	ゴジェック	ウーバー	ウィーチャット	アリペイ	ヤフーとLINE
決済	○	○	—	○	○	○(LINE、PayPay)
メッセージ送受信	—	○	—	○	—	○(LINE)
配車	○	○	○	—	○	○(DiDi)
デリバリー	○	○	○	○	○	○
ショッピング	○	○	—	○	○	○
ヘルパー派遣	○	○	—	○	○	—
証券	○	○	—	○	○	○(LINE)

(注) 2019年の著者の調べによる

同で創業しました。

拠点をシンガポールに移し、ウーバーと東南アジアにおけるシェアを激しく争いました。どちらもソフトバンクのビジョン・ファンドの投資先であり、2018年にウーバーから東南アジアの事業（カンボジア、インドネシア、ミャンマー、フィリピン、シンガポール、タイ、ベトナム）を譲渡されました。

モビリティサービスとして、グラブは東南アジアでは大きなシェアを取りつつあります。さらに今後の人件費抑制を見越して自動運転タクシーの開発を進めています。一方でインドネシアのインターネット決済関連のＫｕｄｏ（クド）や、インドの決済スタートアップｉＫａａｚを買収。金融事業を開始し、生活インフラの中心になりつつあります。またビジョン・ファンドからの出資という共通項から、中国の滴滴出行（ＤｉＤｉ）や、平安保険などが東南アジアでサービスを展開する際の足がかりの役割も果たしています。

ゴジェックはインドネシア出身のナディム・マカリム氏が普段使っていたバイクタクシー「オジェック」に可能性を見出して2010年に創業しました。最初はバイクに特化したモビリティサービスでしたが、今は配送や引っ越しを含む物流全般だけでなく、ポイントやクーポンの配信、買い物や家事の代行、修理手配、占い、寄付、フィットネス、レストランなどの予約、洗車、医療、チケット購入、ニュースリーダー、携帯電話料金の決済など、20近いサービスを展開したスーパーアプリとなっています。

先行するビジネスモデルを模倣する

2社に共通しているのは、ウーバーという米国のビジネスモデルの可能性にいち早く気づいて自国に持ち帰っただけでなく、スマホのサービスが広がり切っていない領域に勝機を見出し、金融など他国に比べて欠けているサービスを次から次へと導入している点です。例えばNNAの調査によると、インドネシアでは15歳以上の人の半分ほどが銀行口座を持っていません。クレジットカードの保有率も2%と非常に低い状態です。一方で携帯電話の普及率は91%と高い点が特徴です。

そこでスーパーアプリなわけです。一度アカウントを作れば、それを起点にさまざまなサービスを使えるので、他のアプリよりも利用しやすいわけです。それまでのサービスの利用状況のデータから、どのサービスと相性がいいのかを分析して教えてくれるのも、スーパーアプリならではの優位性が生かされています。

ウーバーは2019年10月に金融サービス「ウーバー・マネー」を発表しました。グラブやゴジェックのように、決済や金融機能を強化してきました。一度東南アジアに輸出されたビジネスモデルが米国に逆輸入された格好です。思い起こすのは昔の日本です。自動車やテレビ、ステレオ、ゲーム機などのコピー製品を開発・販売するだけではなく、さまざまな改善を施して利用者に届けました。昔はハードウェアで起こっていたことが今はソフトウェアやサービスでも起こっているのです。

地域によって必要とされているサービスは違うため、そのニーズをいち早くくみ取れば成長は加速度的に進みます。さらにある地域でうまくいったサービスが他の地域に転用できる可能性もあるため、良いビジネスモデルを見つけたものが次の覇者になるのです。

グラブは２０１６年にホンダ、２０１８年にトヨタから出資を受けました。シンガポールで２０２２年までに完全自動運転車による無人タクシーの商用化計画を発表しています。東京を中心とした首都圏は約３８００万人と世界最大の都市圏人口を誇りますが、あと数年すると人口ではジャカルタに追い抜かれるといわれています。一人当たりのＧＤＰではまだ小さいとはいえ、新しいサービスが続々と出てきている東南アジアから学ぶことはこれからも増えていくでしょう。

メイシーズは
スタンフォードショッピングセンターの
大きな一角を占めている。
しかし訪れる人は少ない

第3章
商売の仕方は常に進化し続ける

誤解

やっぱり、シェアトップの企業の方が有利だよね？

リアルなモノを製造し、リアル店舗で売っていた時代には、規模が大きな方がコスト面でメリットがあり、高い競争優位性がありました。しかし、デジタル化の流れによって、あらゆるものがサービス化し、売り方も大きく変化しています。もはや、「大きいから強い」というのは当てはまりません。変化の流れに適応できるかどうかが、勝敗を分けるのです。

本章では、サブスクリプション、シェアリング、D2C、そしてスマート化といった新しい「商売の潮流」について見ていくことにしましょう。

1 サブスクリプション型ビジネス、なぜ人気？

海外と日本で耳にする流行の言葉が違うことがたまにあります。その一つがサブスクリプション（定額購読）です。２０１９年5月には三菱商事と無印良品が家具のサブスクリプションビジネスを検討するという報道がありましたし、米アップルが定額制のニュース配信サービスや動画配信サービスを始めると発表しました。また、２０２０年7月には米ツイッターが有料会員制サービスを開発しているとの報道も出ており従来の広告依存型のビジネスモデルから進化しようとしているように思えます。今回はこのサブスクリプションについてお話ししたいと思います。

そもそもサブスクリプションとは何なのでしょうか。一般的に「モノを買う」と、1回支払えばその商品を手に入れる権利を得ます。一方サブスクリプションの場合、月や年ごとに一定の金額を払うと、その間商品やサービスを使う権利が得られるという販売形態です。例えば月額制なら、気に入らないと次の月にやめることができるわけです。皆さんの身近なもので考えるとしたら、月謝制の塾であるとか、スポーツジムの利用権などが近いのではないでしょうか。

そう考えると今さら「これからはサブスクリプションの時代」などと盛り上がる理由がわからなくなります。スポーツジムなどのビジネスモデルはもう研究されつくしているはずです。もちろんいろいろな条件はありますが、適正な価格で適正な設備を用意すれば運営できるのではないでしょうか。

しかし最近注目されているサブスクリプションサービスはちょっと違います。「新しい会員が増えたときの手間がほとんどかからない」のです。スポーツジムは会員数が増えたらそれに応じてジムの面積を増やさなければいけなくなります。しかし動画配信やソフトウェアの利用権であれば、新しい会員を獲得しても特段に新しい負担はかかりません。これを「限界費用ゼロ」ともいいます。

例えば自動車のリースの場合、初期コストを抑えられますが、車の修理代金などを組み入れたぶんランニングコストがかさみ、最終的には高くつくことがよくあります。しかしソフトウェアの場合は新しい会員を獲得した際の負担が少ないため、マーケティング費用などが節約でき、最終的に安く提供できることが多いのです。

顧客も事業者も享受できるメリット

サブスクリプション型のビジネスモデルはインターネット経由でサービスできると非常に強大な力を持ちます。代表的なものは２０１５年に開始した米アップルの音楽聴き放題サービス「アップルミュージック」、ＳａａＳ（ソフトウェア・アズ・ア・サービス）の代表的な存在であるセールスフォース・ドットコム、マイクロソフトのオフィス製品「オフィス３６５」や動画配信の「ネットフリックス」などです。

顧客にとってのメリットは、まず手軽に始められることです。買い切り型の10分の1程度の金額で始められますし、多くのサービスは最初に無料期間を設けています。気に入って使い続けると自動的に有料期間に移行する仕組みです。

２つ目は常に最新のサービスを受けることができる点です。例えばマイクロソフトの買い切り型の「オフィス」は3年に1回くらいのサイクルで製品をアップグレードしなければ、最新製品を使い続けられません。サブスクリプションで契約している顧客は、常に最新の製品を使えます。

３番目のメリットとして、個々の顧客に合わせたサービスを受けられる点を挙げておきます。継続的に利用することで、利用傾向に合わせたオススメを表示してくれたり、あまり使っていなかった機能を教えてくれたりします。

逆にデメリットを挙げるとすれば、思ったほど使わなかったときにも同じ金額を払わなければならなくなることでしょう。

顧客を知るデータ活用、効率的なマーケティング、安定した収益

事業者のメリットも大きく3つあります。1つ目は顧客のことを知り、データを活用しやすい点です。ソフトウェアのパッケージを家電量販店で販売した場合、ソフトウェアの開発会社は誰が購入したかわかりません。しかし定額制であれば、定期的に顧客と接点を持つために利用者登録は必須ですし、クレジットカードなどの決済によりどのような人が購入者かわかります。使用頻度やどのようなところで使用をやめているかなど、プライバシーに配慮しつつデータを収集することにより、自社の製品の改善点に気付けます。

2つ目は顧客を囲い込みやすい点です。パッケージ版のソフトの場合、新しいバージョンを発売する際にもう一度広告を出すなどして売り込む必要があります。サブスクリプションならば同じ料金でそのまま新しいソフトウェアを使用してくれるので、新たな広告

やマーケティングに経費をかけずに済みます。一度使い始めて使い心地が良ければ、他社のサービスに移行する顧客も少ないでしょう。

とはいえここは良いことばかりでもありません。類似の競合サービスがひしめいていると、逆に簡単に乗り換えられてしまう懸念もあるからです。例えばアップルが参入する動画配信ですが、ネットフリックスという競合が存在します。ネットフリックスは自社しか配信しない質の高いオリジナルコンテンツ（「ネットフリックスオリジナル」など）を提供して囲い込みを図っています。価格か使い勝手か、それとも独自性か。アップルがどこに特色を求めてくるかが注目されます。逆にいえばこれまでビジネススクールで教えられていたマーケティングの枠組みである「４Ｐ理論（Product, Price, Promotion, Place）」に大きな変化をもたらしています。

３つ目は値段を柔軟に設定し、将来のキャッシュフローを予測しやすくできる点です。値段設定は非常に重要で、顧客が割安と感じてくれるかと、実際の企業の費用をうまくバランスを取らなければなりません。例えばネットフリックスは２０１９年に月額料金を10ドル（約１０００円）程度から15％程度値上げしました。資金が足りないからではなく、より充実した番組を作成するための値上げです。一時的な値上げで一定数の解約者は発生しますが、新しい番組に満足してもらえれば、解約する会員を減らせます。

また、買い切りの製品はヒットするか否かで大きく売り上げが左右されます。これに対しサブスクリプションは解約率を正しく見込みさえすれば、将来の収入を予測しやすく、財務計画も立てやすくなります。

ただしこうしたサブスクリプション型のビジネスモデルは、従来の会計では買い切り型に比べて過小評価されがちです。例えばマイクロソフトオフィスは、買い切りだと3万円程度で売られていますが、しかしサブスクリプションでの購入は月額1000円程度となるため、単年度の会計では大幅な売り上げ減として計上されます。一方で将来のキャッシュフローは買い切りよりも安定しているため、投資家による時価総額の評価は高まります。従来の株価と売上高の比率などで分析すると、比較が難しくなります。また、サブスクリプション型ビジネスの企業は赤字でも上場するのが妥当などといわれるのはここに理由があります。

それは本当にサブスクリプションを導入すべきか

以上のようなメリット・デメリットがありますが、基本は在庫を持たず、無制限にサービスを拡大できる種類の事業がサブスクリプション型のビジネスモデルの恩恵を受けやすいことがわかります。在庫を持つ場合でも、顧客のことがよくわかることや、顧客を囲い込めるなどのメリットはあります。

しかし顧客が増えると思った以上に運営コストがかかったり、物品を回収したときに大きなダメージを受けたりして、下手をするとリース事業とあまり違いがなくなってしまう可能性があります。これでは顧客も事業者も満足できないサービスになってしまうでしょう。

世界中でサブスクリプション型のサービスが立ち上がって試行錯誤をしています。10年後に人気のサービスは、今は予想もつかないものかもしれません。

2 シェアリングエコノミー、成否を分けるポイントは？

ウーバーの時価総額がホンダを抜いた

米ウーバー・テクノロジーズの上場は２０１９年最大の規模となりました。創業から10年で時価総額7兆円。単純に計算して企業価値が1年間に７０００億円というペースで成長したことになります。同じ自動車産業に属するホンダなど伝統的な自動車会社の時価総額が5兆円程度であることを考えると、いかにウーバーが巨大化したかがわかります。

確かに自動車産業は、モビリティサービスに変わりつつあるといわれています。それにしても創業10年の企業が、ホンダのような伝統があり、ビジネスも順調な企業の時価総額を抜くというのは衝撃的ではないでしょうか。

時価総額は現在の価値よりも、むしろ将来への期待を価値化したものです。例えば現時点の売上高は、ウーバーよりホンダの方が圧倒的に高いです。利益率という点でもウーバーは赤字なので、ホンダには遠く及びません。しかしマーケティング費や研究開発費などを取り除いた粗利で考えると、ウーバーは20%ぐらいの粗利が出ています。

これだけ粗利が大きいのは、ウーバーは工場などの固定資産や在庫を持たないからです。ホンダは車を作るために工場を保有し、販売するためにディーラー網を維持しなければなりません。仮にリコールが発生したとすると、大きく利益が減少します。ウーバーは登録しているドライバーに乗車希望の顧客をつなげて、手数料として20~30%ほど吸い上げるので、固定資産はほとんど不要です。

成長性ではどうでしょう。今自動車はガソリンエンジンから電動に移行しているとはいえ、売り上げは大きくは変わらないでしょう。一方ライドシェア事業はまだ解禁されていない国や地域が多数あります。日本もそうですね。日本はそもそも副業が禁止されている企業が多いので、ライドシェアに限らず昼間は会社員で夜だけシェアサービスを手掛けるという生活は難しいのが実情です。

2019年当時では時価総額2兆円といわれた米民泊大手のエアビーアンドビーも、日本の民泊規制が厳しいためか、なかなか浸透していませんでした。

信頼を担保するための保険機能が重要に

シェアリングエコノミーがうまく機能するための重要な条件が一つあります。信頼を担保するための保険機能です。何かを他人と共有すると、トラブルが発生する場合があります。典型的な例がヒッチハイクとウーバーの違いでしょう。

何らかの事情で無料で目的地に行きたい人が選ぶ手段がヒッチハイクです。乗せる方は、会話を楽しみたいとか親切心で乗せてあげます。しかし乗ってきた人が刃物でドライバーを脅すなどのトラブルもあります。逆にドライバーに目的地と違う場所にヒッチハイカーが連れて行かれる危険もあります。ヒッチハイクで起きたトラブルは、誰も手助けできません。

運営会社を交えるとこれは大きく変わります。無料というわけにはいきませんが、第三者の目がある状況なのでトラブルが発生する確率は下がります（図表13）。

トラブルに対応するコストが大きすぎなければ、全体の運営はスムーズになります。例えばドライバーが財布を取られるトラブルの場合、損害額が平均5万円としましょう。そして、その発生率が全乗車率の0・1％とします。

図表13

シェアリングエコノミーは時間や空間など提供者の余剰と、
それを使いたい利用者の間を取り持つことで成立する。
第三者が介在することで信用を形成する

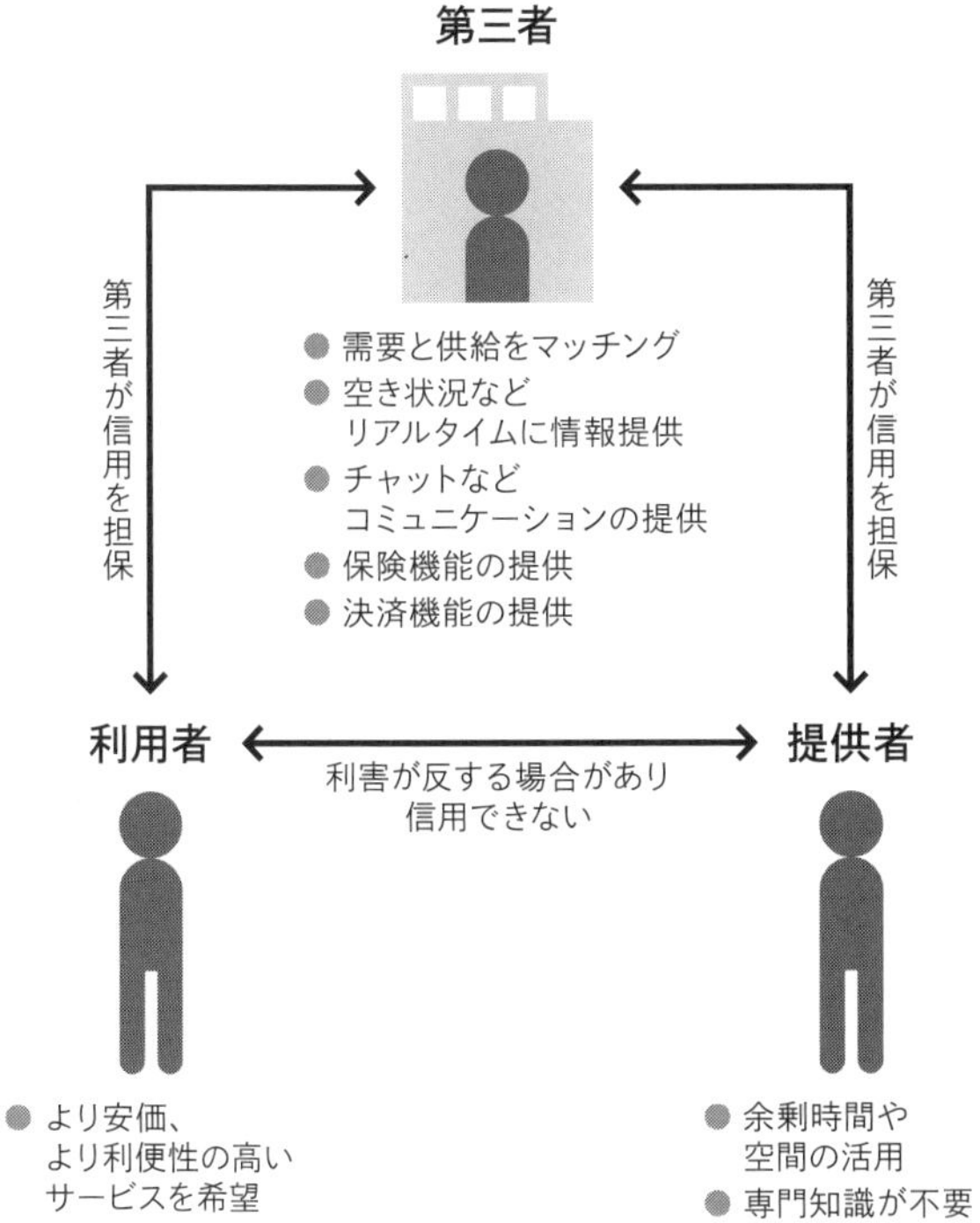

この場合1回の乗車で5万円×0・1％＝50円の損害を見込んでおけばよいわけです。これならば損害が出たとしてもある程度の補償ができることになり、ドライバーも安心して、乗客を乗せることができます。このように当事者だけでは成り立たないサービスも、運営会社という第三者を交え、数を集めることでビジネスが成立するのです。

日本でウーバーが展開している「ウーバーイーツ」や米ドアダッシュなど食事の宅配サービスも、人の余っている空き時間と労力を共有するサービスといえます。これは根本的にトラブルの額が食事代ぐらいなので、シェアリングビジネスとしては成立させやすいと考えてよいでしょう。また最近は、「ゴーストキッチン」と呼ばれる、配達専用のキッチンの運営が注目されています。立地が悪く経営が難しくなったレストランを配達専用にすることで収益を回復させ、同時にシェアリングビジネスにも貢献することになります。ウーバー創業者で最高経営責任者だったトラビス・カラニック氏が最近そうした事業を買収したことでも話題となりました。

うまくいかないケースも

逆にうまくいかないケースも過去にはありました。例えば借りたモノを著しく傷つけてしまうとうまく機能しません。

その一例が自転車シェアです。中国・摩拝単車（モバイク）というスタートアップが自転車の乗り捨て可能なシェアリングサービスを開始しました。しかし共有する自転車が傷つけられる例が多数出てきました。どの利用者が傷つけたのかチェックが難しいためです。単純に利用時間からチェックするのでは不十分です。利用者がサービスを終了した後に壊された可能性もあるからです。その結果、どんどん自転車が壊れました。チェックができないとわかると、利用者も自転車を丁寧には扱わなくなりがちです。経済学でいうモラルハザードですね。

一回当たりのレンタル費用はおおむね１００円ほどで大変安かったこともあり、修理費と自転車の乗り捨ての回収費用でサービスが回らなくなりました。当時は自転車シェアに参入する企業も多く、価格を上げることができなかったこともうまくいかなくなった原因の一つです。

ただ、きちんと誰が利用したのかを明確にできれば、シェアリングはまだまだ可能性を秘めています。例えば日本におけるたこ焼き器やわたあめ製造機など、一年で数回しか使わないものを共有するサービスが米国では出てきています。法人向けでは、日本のラクスルが印刷機の空き時間や配送トラックの空きスペースを共有するサービスを実現しています。

シェアリングサービスがうまくいくかいかないか。その分かれ道は、利用者と供給者の安定的な増加と、破損などが少なくビジネスを継続しやすいものをきちんと運営できるかにかかっているといえるでしょう。

シェアビジネスは根本的に「もったいない」を減らすビジネスなので、日本人の精神には合っているはずです。「おもてなし」の好きな文化でもあるので、民泊やライドシェアも本来は向いているのではないでしょうか。特に2020年開催予定だった東京五輪・パラリンピックに向けて、ホテルや移動手段の不足に対応する切り札にできる可能性は十分にありました。

半面、見知らぬ他人と積極的に挨拶しないなど、「うち」と「そと」を分ける文化が障害になる可能性もあります。これから登場する新しい世代はそのあたりの気持ちがオープンになっているように感じますので、今後シェアリングサービスが大きく伸びていく可能性は十分あると思います。

3 ここまできたリテールテックの最新動向

アパレル大手が続々撤退

２０１９年９月、ファストファッションで一世を風靡した米フォーエバー21が日本市場からの撤退を発表し、危機が伝えられていましたが、同年9月30日に連邦破産法を申請しました。高級衣料品店のバーニーズ・ニューヨークも連邦破産法を申請。米小売大手のニーマン・マーカス、ＪＣペニーや無印良品を運営する良品計画の米国子会社も２０２０年の新型コロナ感染症の影響もあり破産を申請しました。

米国の小売業界は激変期を迎えています、ちょっと前ですが玩具大手のトイザラスも破産法を申請しました。その引き金を引いたのは、いうまでもなく米アマゾン・ドット・コムを代表とするＥＣサイトの躍進です。新型コロナウイルスはその躍進を速めたともいえるでしょう。

アマゾンは小売店舗のあり方も変えようとしています。その代表が米シアトル市やサンフランシスコ市などにある無人店舗「アマゾン・ゴー」です。店舗に入って商品を手に取ってそのままレジを通らずに店を出ると、自動的に決済が完了します。半信半疑で試したところ、想像よりもカメラの設置台数は少なく、それでいて正確に決済されて驚いた記憶があります。

アマゾンは2021年までにアマゾン・ゴーを3000店舗まで拡大する計画だと報道されています。これは単純に平均すると1カ月に100店舗のペースで拡大していく計算になります。一見無謀にも思えるペースですが、新規店舗に必要なのが器材と在庫だけだと考えれば急拡大も可能に思えてきます。

アマゾンが仕掛ける小売りの変革

アマゾン・ゴーに象徴されるように、小売りの変革はアマゾンが仕掛けているといっても過言ではありません。

まず物流です。アマゾンは高級スーパー「ホールフーズ・マーケット」を買収して、倉庫以外にホールフーズの店舗から配送する商品を増やしました。アマゾン・ゴーの店舗でもホールフーズで取り扱っているのと似た商品があります。

また配送の仕方もジェット機をリースしたかと思えば、自動運転のロボットカーや空を飛ぶドローン（小型無人機）を利用した配送を米国で実施予定でいます。なるべく人手をかけずにコストを下げ、しかも速く届けるという、相反するニーズを満たすためです。

こうした動きは何もアマゾンに限ったことではありません。米アルファベット（米グーグルの親会社）傘下の米ウイング・アビエーションはオーストラリアやフィンランドでドローン配送の運用を始めたほか、アマゾンよりも先に米国でも米連邦航空局（ＦＡＡ）の認可を取得しています。日本でも日本郵便や楽天、ＡＮＡホールディングスなどがドローン配送の実験を実施していますし、ディー・エヌ・エー（ＤｅＮＡ）はヤマト運輸と共同でロボットカーによる配送を実験しています（図表14）。

２つ目はネットからリアルへの攻勢です。アマゾンはもともと、ネットの注文を受けて倉庫から商品を配送していました。そこに「プライム」という有料会員制度を追加しました。優先的に速く配送したり、ネット動画を見放題にするなどの特典があります。これによって顧客を囲い込み、ますますアマゾンの利用が増えるわけです。一方で顧客にとって利便性が高いと判断した場合には、アマゾン・ゴーのような効率の良いリアル店舗を持つ

図表14
アマゾン・ドット・コムを中心に小売業界が迎える3つの変革の波

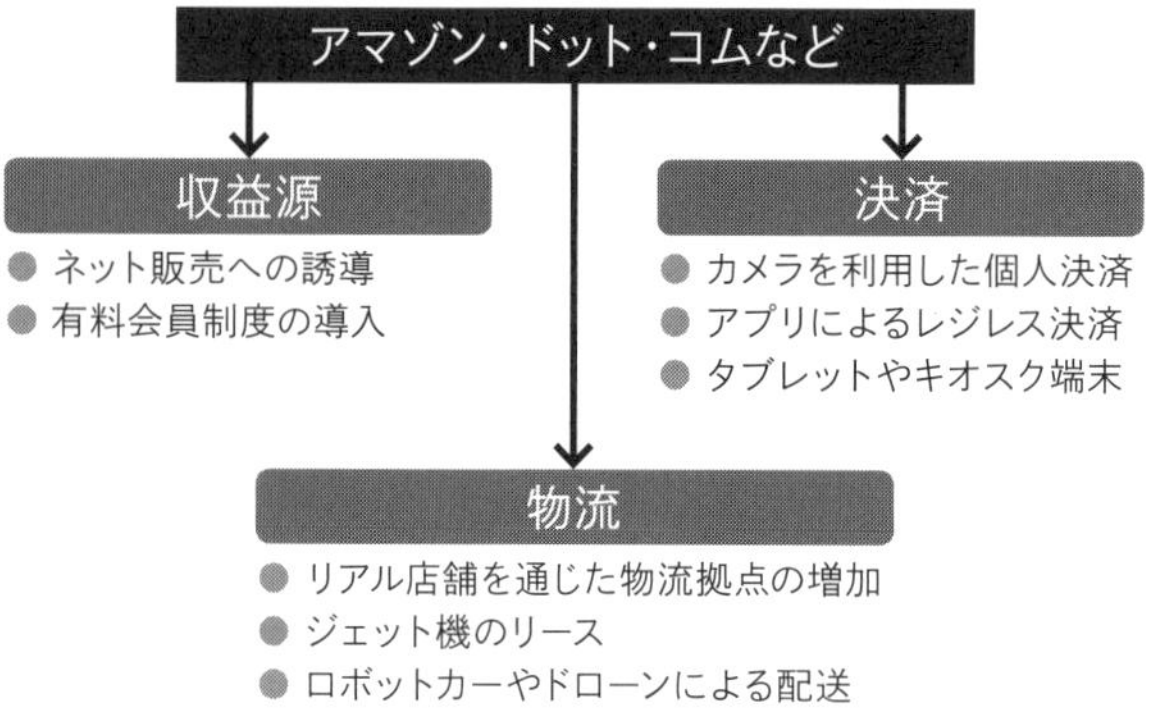
アマゾン・ドット・コムなど
収益源
● ネット販売への誘導
● 有料会員制度の導入
決済
● カメラを利用した個人決済
● アプリによるレジレス決済
● タブレットやキオスク端末
物流
● リアル店舗を通じた物流拠点の増加
● ジェット機のリース
● ロボットカーやドローンによる配送

こともいといません。極端な話、アマゾンはＥＣや有料会員サービスで利益を上げられるので、リアル店舗は赤字でも構わないという方策が取れます。

逆に既存の小売店は、リアル店舗が利益の源泉なので赤字にするわけにはいきません。その結果として非常に厳しい戦いを強いられるわけです。そこで有料会員制度などを導入して、顧客のロイヤルティーを高めようとしています。有料会員に力を入れている例としては、日本にも進出したコストコ・ホールセールが好例です。他にもリアル書店の米バーンズ・アンド・ノーブルも書籍が割引になったり、無料配送などを実施する会員制度を導入しています。

店舗からレジが消える

そして3つ目が決済です。アマゾン・ゴーの例を見るまでもなく、決済は楽なほど便利です。日本ではSuicaに代表される電子マネーがあり、現金よりは手間はかかりません。しかしアマゾン・ゴーはそもそもレジに並ぶ必要さえありません。アマゾン・ゴーは入店する際にQRコードを提示する必要がありますが、やがて顔認証などの新しい技術が導入されてもっとスムーズになるでしょう。

極端な話、レジがなければ並ぶ必要がありません。そのおかげもあり、不正会計が発覚するまで急速に台頭したのが中国のコーヒーチェーン「ラッキンコーヒー」です。このコーヒーチェーンでは、注文と決済にスマートフォンアプリを使います。アプリで発注するとコーヒーがいれられて、受け取ると決済が完了します。レジがないのでレジ待ちの行列はできません。現金しか持っていない人はそもそも買えません。

レジをなくすメリットは店舗側にもあります。レジ打ちにかかる人件費を削減できます。一度アプリを入れるとその後も使い続ける利用者が多くなるので囲い込みにもなります。また食品配達サービスを使って近所へのデリバリーも受け付けています。コーヒーマシン一台当たりが扱えるお客の数を最大化できるわけです。

　現金のみの顧客を切り捨て、アプリを使う顧客の利便性を優先するという逆転の発想で、開業1年で2000店舗という驚異的な速度で成長したように見えました。創業1年半の2019年5月に米ナスダック市場に上場し、時価総額約1兆3000億円まで伸ばしていましたが、粉飾決算などが発覚し、ナスダック上場廃止通告が出されました。

　他の事例でも、中国はキャッシュレス化の先を進んでいます。レストランでは入り口に大型の端末や、テーブルにタブレットが置いてあることが多く、メニューや注文はそこからすることによって人件費を節約しています。場合によっては顔認証の決済に対応しているものもあります。この点は米国よりも中国の方が先行している点もあると思います。

ショールーム化する店頭

　そもそも小売店の店舗自体の位置付けも変わってきています。その場ですぐに商品が必要でない利用者にとって、店頭はショールームみたいなものです。これを実践した店舗が日本に登場しました。ビックカメラが大阪府八尾市に2019年7月に開いた新店「ビックカメラ　アリオ八尾店」です。看板をネットショップの「ビックカメラ・ドット・コム」

とし、通販サイトにつながるＱＲコードを配置。店で実物を確認し、ＱＲコードを読み込んでスマホから注文して手ぶらで帰宅するといった利用を想定したものです。値札も電子値札を使っているので、競合に対抗して絶えず最新の価格に変更できます。

ショースペースとして不動産は必要ですが、収入は現場での商品購入に限りません。ネットへの注文に誘導して全体の収益に貢献すればよいという考え方です。消費者にとっての利便性に配慮する際に、オムニチャネル（複数の購入経路）という考え方が当たり前になってきています。

さらに一歩進めたサービスが米国では出てきました。２０１５年にシリコンバレーなどで開業した新しいテクノロジー商品を扱う「ｂ８ｔａ（ベータ）」は、小売店を完全にショースペースにしています。

画像認識によってどの程度の人数の顧客が商品の前に立ったか、商品を手に取ったかを計測し、メーカーが店舗に報酬を支払うのです。いわば成果報酬型のショースペースにしたのです。オンライン広告のリアル店舗版と考えればわかりやすいのではないでしょうか。スマホのサイトで目にする広告は、表示するだけでもお金がかかります。利用者がそれをクリックするとさらに課金されます。これを現実の店舗に持ち込んだのです。一度破綻したトイザラスも2019年秋のホリデーシーズン商戦にこのモデルを活用しました。日本には2020年8月に進出しています。

この場合、小売店は何が顧客の興味を引くのか、目利きに力を入れる必要があります。来店する顧客は常に新しいものを求めているので来店頻度が上がるでしょう。商品を置いてもらう企業も「目利きに選ばれた」というブランドにもなります。しかも成果報酬なので、無駄なコストを支払う必要はありません。

4

D2Cが変える店舗の役割

2020年、新型コロナウイルス対策で外出制限勧告が出る前のある晴れた週末、米スタンフォード大学に併設されるショッピングモールでベンチに腰を下ろし、人の行き交う姿を見ていました。米大手デパートのメイシーズや米アップルのアップルストア、米テスラの電動自動車の小売店が並ぶ一角です。ここの人の流れが、現在のビジネスモデルの変化を端的に表す光景に感じられました。こうした栄枯盛衰にはテクノロジーがもたらした変革が背景にあるのです。

圧倒的な売り場面積を誇るメイシーズに入っていく人はほとんど見かけません。一方でアップルやテスラには人が吸い込まれるように入っていきます。全面ガラス張りのアップルストアは多くの人でにぎわっています。テスラの店舗に置いてある車に興味をひかれて、子供が特に用事もなく入っていく様子が見られます。ちなみに店舗は奥にある駐車場までつながっているので、通行路としての役目も果たしています。

ショッピングモールには必ずと言ってよいほどデパートが誘致され、中核テナントとして集客を期待されていました。しかしデパートのビジネスモデルはもう終焉を迎えているようです。メイシーズは２０２０年2月4日に同年以降3年間で全体の20％近い１２５店舗を閉鎖し、従業員の約10％に当たる２０００人を削減すると発表したところです。それを象徴しているような、寂しさを感じさせる状況でした。

テクノロジーを使って認知を高める

逆にアップルやテスラは米国でも好調です。これらに共通するビジネスモデルは商品をコンシューマー（消費者）に直接販売する「D2C（ダイレクト・ツー・コンシューマー）」です。わかりやすいのが靴販売の米オールバーズのビジネスモデルでしょう。2020年に東京にも日本最初のショップを開きました。同社は小売店を通さず、オンラインか直営店でしか販売していません。

これまで消費者向けに商品を販売する場合、小売店を通すのが当たり前でした。1社で津々浦々まで商品を届けるため、全国に直営店を開設するのは事実上不可能だからです。商品を販売するには小売店に商品を置いてもらうことが当たり前だったのです。

それが変わったのはインターネットとECの普及がきっかけです。米アマゾン・ドット・コムなどでECに慣れた利用者を、何らかの形で自社サイトに誘導できさえすれば、直接商品を販売できるわけです。

しかし問題は、そもそもどうやって消費者を誘導するかです。自社または商品のブランドが認知されていなければ、消費者を自社のECサイトに誘導することはできません。まず商品やブランドが存在していることを知ってもらう必要があるわけです。そこで大きな役割を果たしたのがスマートフォンとネット広告、SNSでしょう。

商品を売るにあたって、大事なのは認知です。認知されないものは売れません。小売店には商品に興味のある人が立ち寄るので、その店頭に並べられているだけで認知される効果があります。

D2Cではその場所がありません。消費者に商品を認知してもらう手段としてまず思い浮かぶのが広告でしょう。テレビや新聞などを通じて大規模に広告を展開すると、相当のコストがかかります。ネット広告だとそこまではいかないですが、基本的にメーカー系スタートアップはそう簡単には広告を出せません。

もう一つの手段がSNSやブログなどに紹介してもらう口コミです。中にはレビュー記事を書いてもらうために、製品をプレゼントする企業もあります。最近では写真共有サイトの「インスタグラム」などで、商品を気に入った人が勝手に宣伝をしてくれることによって認知度がぐっと高まるようになりました。インスタグラムには数多くの企業がアカウントを開設していて、自社ブランドをアピールできる場として利用しています。

インターネットによって小売店を開設するコストが激減し、SNSやネット広告で宣伝コストがぐっと下がりました。オールバーズ以外にも最近上場した米寝具メーカーのキャスパーも似たようなビジネスモデルを採用しています。D2Cという販売手法はテクノロジーを活用することで生まれたといえるでしょう。

ショールームとしてのリアル直営店

既存の企業でも、小売店やディーラーを介した流通から、直接運営するリアル店舗に軸足を移している企業があります。それがアップルとテスラです。

アップルストアはまるでブランドショップのような美しさのあるガラス張りで、多くの人が商品を手に取って楽しんでいます。特に新商品が出たわけでなくても、常にこんな感じです。その場で購入する利用客はそれほど多くはありません。でも商品を手に取って、好印象だった人はオンラインでも注文するでしょう。

アップルの小売店戦略が変わったのは、米ニューヨーク市の5番街の一等地にアップルストアを作った頃からでした。直営店を最初に持つ時に、創業者のスティーブ・ジョブズ氏はルイ・ヴィトンで有名な仏ＬＶＭＨモエ・ヘネシー・ルイ・ヴィトンのベルナール・アルノー会長に相談したといいます。

地価の高い5番街店の売り上げだけではなかなか黒字にはならなさそうですが、一等地にあって24時間営業という利便性から観光地化し、同社のブランド向上に大きく貢献しました。直営店が広告宣伝も兼ねているのです。

興味深いのがテスラの直営店です。２０１５年に開店したスタンフォードショッピングセンターの店舗は、アップルストア同様ガラス張りで、入り口が広く入りやすい形になっています。実はこの直営店では車を売っていません。購入はすべてオンライン。スマホで注文でき、到着後1週間は原則返品可能です。

あくまで店舗はショースペースとして実際に触ってもらったり、車のカラーバリエーションを確認してもらったりするための場所です。あとは太陽光発電パネルのサブスクリプションサービスの説明をするためにも使われています。

ショールームのスペースは限られていて、3台しか展示していません。自動車ディーラーといえば多くの車種を用意し、２０１９年モデルと20年モデルの違いなどをアピールするのが一般的です。アップルがさまざまな商品を展開していたのをジョブズ氏が復帰して方針を転換。製品のバリエーションを絞って集中させたことを思い起こさせます。商品が多すぎると顧客にブランド認知をさせる手間がかかりすぎるのです。

テスラは自動車を購入した後も、ソフトウェアの更新で電池の消費を減らしたり、ブレーキやアクセルの性能を良くしたりと常に改善しています。有料で自動運転の機能も提供する予定で、アプリのボタン一つで購入できます。新商品も２０１９年は「モデルＹ」、

2020年は「サイバートラック」という奇抜なピックアップトラック（米国では一番人気の車種）で攻勢をかけます。

テスラは四半期では2019年の後半に黒字化し、株価も好調です。時価総額は一時20兆円に迫るほどで、自動車産業で世界第1位に一気に躍り出ました。お気付きの通り、テスラは自動車メーカーという枠で自社をとらえていません。蓄電池やソーラーパネルなども競争力のある価格で販売し、アップルのような総合的なテクノロジー企業を目指しています。激しい競争のなかで、業界の枠を超えて事業を考える会社が伸びていき、既存の枠の中で戦う企業は衰退していくのではないでしょうか。

5 どうして広告がない無料サービスがあるの？

手数料を取らない証券会社

２０１９年11月に米国でオンライン証券最大手のチャールズ・シュワブが、同業大手の米ＴＤアメリトレード・ホールディングを買収すると発表して話題になりました。その背景にあるのは、米国で広がり始めた売買手数料の無料化です。

これを仕掛けたのが、米ロビンフッドです。米国では、同社の株式取引アプリ「ロビンフッド」がよく目につきます。単なる株式取引のアプリならばさほど気になりませんが、そこには「手数料無料」の文字が躍っています。それもよくある期間限定のキャンペーンではなく、ずっと無料なのです。

一般に証券会社の収益は顧客の売買手数料によってまかなわれています。つまり顧客に代わって株式取引を実行し、その際に発生する取引手数料を得て営業しているわけです。

それをずっと無料にするとは、一体どのような仕組みなのでしょうか？

インターネットが普及する以前からある「無料サービス」といえば、民放のテレビ放送が挙げられます。インターネットでは多数の「無料サービス」が登場しました。メールサービスやニュースサイト、動画サービス、SNS、ゲームなどです。これらに共通しているのが広告です。米国の慣用句「no free lunch（無料のランチなど存在しない＝甘い話はない）」の通り、多くの無料サービスでは広告を見せられています。ちょっと広告を見るくらいなら利用者も納得してサービスを利用する、というのがこのモデルの根幹です。日本でも2018年末に広告が大体的に強調された「0円タクシー」が期間限定で運営されていました（図表15）。

「フリーミアム」モデルを応用

もう一つ挙げられるのが「フリーミアム」モデルです。ある一定の条件までは無料で利用できるようにしておき、さらに追加でサービスを受けようとすると有料になるというモデルです。課金する人が数％でも、十分サービス全体の運営費がまかなわれる構造です。

米アマゾン・ドット・コムの「プライムミュージック」「プライムビデオ」などは、配

図表15
無償（フリー）で提供されるクラウドサービスの実現手法

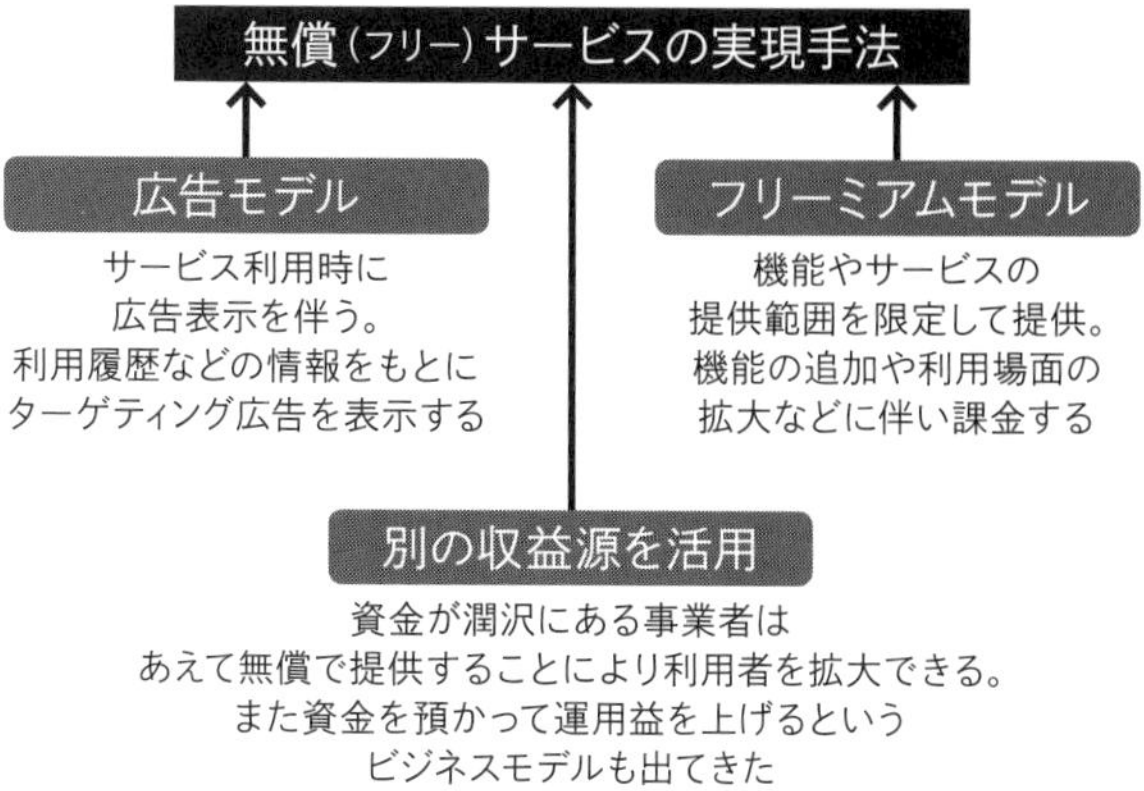
無償（フリー）サービスの実現手法
広告モデル
サービス利用時に
広告表示を伴う。
利用履歴などの情報をもとに
ターゲティング広告を表示する
フリーミアムモデル
機能やサービスの
提供範囲を限定して提供。
機能の追加や利用場面の
拡大などに伴い課金する
別の収益源を活用
資金が潤沢にある事業者は
あえて無償で提供することにより利用者を拡大できる。
また資金を預かって運用益を上げるという
ビジネスモデルも出てきた

送を優先する有料オプションである「プライム」に加入した際の特典として無料で付属します。これは顧客を囲い込むために、有料オプションに無料のサービスを追加している形です。フリーミアムモデルの一種と考えてよいでしょう。

ロビンフッドも有料の顧客サービスを提供しているので、フリーミアムの一種と見ることもできます。しかしロビンフッドの場合、フリーミアムモデルだけではなく、顧客から預かった資産から出る利子や、僅かな手数料をもらい売買の発注を特定の証券会社に振り分けることによって収益を得ています。

日本は今は低金利ですが、米国など比

較的金利が高い国の通貨や、売買高の大きい投資商品であれば、このビジネスモデルが成り立つのです。顧客にとっては気にならない程度の利子や手数料ですが、それが積もれば山となり、ロビンフッドの急成長を支えています。

これはほかにも応用できるという発想が出てくるはずです。手数料に依存していた金融ビジネスが、うまく応用すればＡＴＭ利用料や、送金手数料などを無料にできるチャンスが出てくるかもしれません。

顧客がサービスを切り替える時に価格は大きな要因となります。無料となれば大きなスイッチングが起こる可能性があります。組み合わせによって有料サービスを無料にできるのではないか――こう考えることが、次のベンチャービジネスを生むきっかけになります。

6 スマートシティは スマートホームと関係あるの？

「スマート」とはどういうことか？

２０２０年の年初には「スマートホーム」「スマートシティ」という単語がよくニュースに出てきていました。１月に米ラスベガス市で開催された技術見本市「ＣＥＳ」では、トヨタ自動車が２０００人規模のスマートシティを静岡県の東富士工場跡地につくると発表し話題になりました。しかし改めて考えてみると、「スマート」とは具体的に何を指すのでしょう。

スマートは英語で「気が利く」「賢い」という意味です。スマートを付けるようになったのはスマートフォンからです。当時の携帯電話との違いを強調するために名付けられました。２００７年ぐらいから広まり始め、それまでの携帯電話を日本では「ガラケー」、海外では「フィーチャーフォン」と呼ぶようになりました。その後、ＩＴを応用して利便性を高めた機器などに「スマート」と冠するようになったのです。

ただしこれはあくまでも概念的なものです。あらゆるモノがネットにつながる「ＩｏＴ」などもそうですが、概念自体にはあまり意味はありません。大事なのはどういった技術が組み込まれ、使われているかという点です。

こういった名称が独り歩きして、わかったふうになってしまうと本質を見誤りがちです。イベントや見本市などが開催されても、どこかピンボケで焦点が定まっていないことがよくあります。これはそうした本質を見落としてしまったからでしょう。

スマホで大きく変わったのは使い勝手です。それを実現する中心的な役割を果たしたのが、米アップルの「ｉＯＳ」や米グーグルの「アンドロイド」といったＯＳ（基本ソフト）でした。

きっかけは「アレクサ」

ではスマートホームは具体的に何が違うのでしょう。単に気が利く技術であれば、日本はＴＯＴＯなどのリモコン式の温水洗浄便座は世界一だと思います。しかし、スマートホームのブームを生み出したのは日本ではありませんでした。２０１４年に米アマゾン・ドット・コムのスマートスピーカー「エコー」が登場したのがきっかけです。

エコーに搭載された音声認識技術「アレクサ」は、人とコンピュータとの接し方を変えてしまいました。それ以前はパソコンで人間が何かを伝えるならマウスとキーボードの操作で、スマホならタッチパネル操作が主流です。主流ではありますが、最適な入力方法とは限りません。「ちょっとしたときに何かをシンプルに操作したい」とき、音声入力が役立つ場面が意外とあるのです。

それを実現可能にしたのがＡＩです。音声認識には、音声を文字に変換し、文字から意味を解釈するという２つのプロセスがあります。これらは２０１３年ぐらいから広まった深層学習（ディープラーニング）を使わないと、実現はなかなか難しいものでした。

アマゾンは物販の会社ですが、クラウドサービスの提供で先行し、ＡＩ開発でも先手を打ってきました。卓越した先見性のたまものです。そしてスマートスピーカーの発売でも先行しました。

創業者のジェフ・ベゾス最高経営責任者は株主宛てのメッセージで「２０１３年に市場調査をしたところ、常時電源が入っていて音声認識ができる黒い筒型のスピーカーをキッチンに置きたい人はいなかった」と語っています。それでも売れると確信してスマートスピーカーを発売したところ瞬く間に大ヒットになりました。

新しいジャンルを開拓する場合は、顧客にニーズを聞くのではなく「こういうものがいいのではないか」という仮説に基づいて実際の製品を提示することが重要であることを示す一つのエピソードです。一流の料理人はお客さんに何が食べたいかを細かいところまで聞かないのと似ていますね。

米アップルの「iPhone」の成功も同じでしょう。もちろん成功した製品ばかりではありません。アマゾンも独自スマホ「Fireフォン」を発売しましたが、ほとんど売れなかった苦い経験があるのです。これがエコーのヒットや改良にもつながっています。

原価で販売しても元が取れる

スマートスピーカーは家庭の無線LANにつながって、そこに接続した家電や機器と通信できます。アプリを組み込むことで、家のインターホンや玄関の鍵、テレビ、電子レンジ、ガレージの開け閉め、エアコン、照明などを音声で操作したり状態を確認したりできます。

さらに最近はスピーカーにカメラと画面がついた「エコーショー」という製品も登場し

ました。将来はカメラの画像解析を活用した新しいコンピュータとの接し方が可能になってくると思われます。

単に「音声や画像認識つきの冷蔵庫」と聞くと、いらないと思う人も多いかもしれません。しかしもし、冷蔵庫としてはほぼ同じ機能で、さらに音声認識や画像認識ができて安くなるとしたらどうでしょう。アマゾンはプライム会員やＥＣサイトから収益を上げればいいので、音声認識や画像認識から購買の機会を先取りできるのならば、極端な話原価に近い値段で販売しても元が取れるのです。これは従来の家電メーカーにとって脅威となるでしょう。

前述のようにスマホはコンピュータの使い勝手を大きく変えたことで、新しい市場を生み出しました。コンピュータとの接し方が変わるとき、ＯＳは根本から変わる必要がありました。

さらに音声や画像による操作への移行に向けて、市場にもその影響が出始めています。今のところアマゾンがスマートホームのＯＳを制覇しようとしているようです。もちろん米グーグルも同様の取り組みをして競合しているので、簡単ではないでしょう。同じプラットフォーマーである「ＧＡＦＡ」の他の２社や米マイクロソフトは今のところ出遅れてい

図表16

スマートホームやスマートシティは、
新しいコンピュータの利用方法を利用者に提示すると同時に、
データを収集する役目を担う

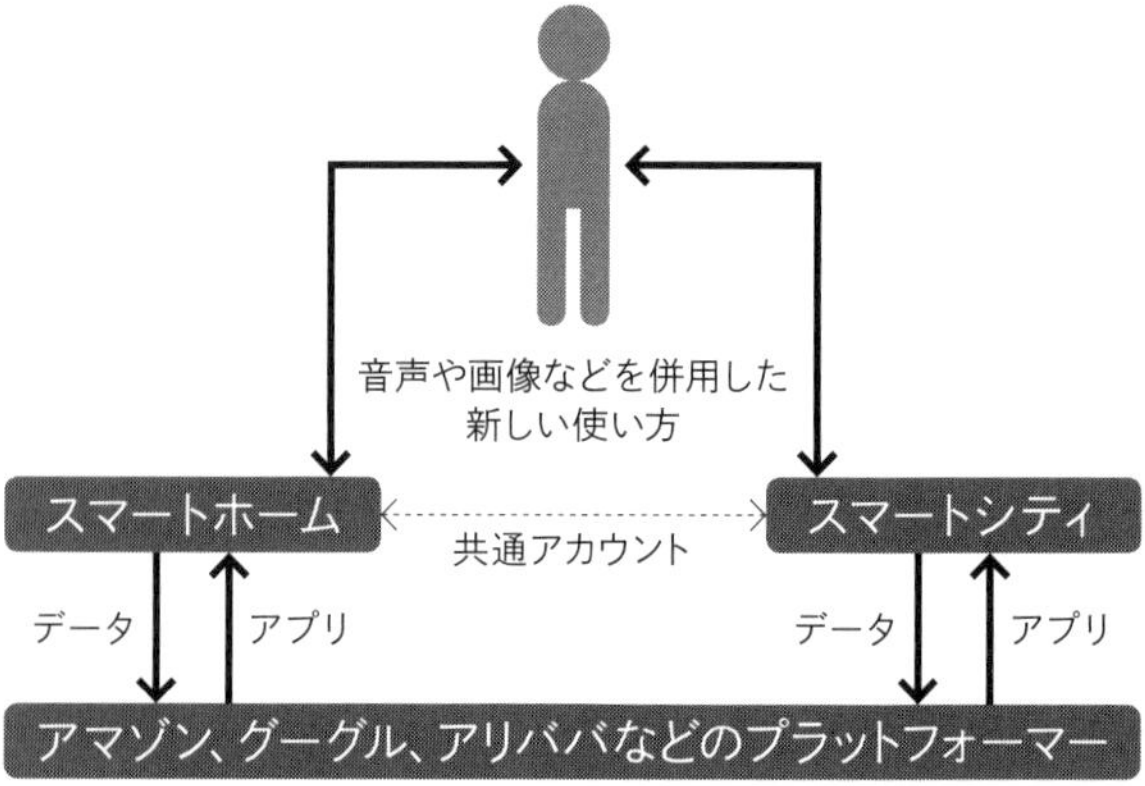

るのが気になります（図表16）。

「街を車に合わせよう」

一方でスマートシティはまた別のものと考えた方がよいでしょう。街と人とがデータを介してつながることで何ができるのか、さまざまな大手企業が実験を始めている状況です。中国アリババ集団は北京近郊の雄安新区や本社のある杭州など10を超える都市で「ＥＴシティブレイン」というスマートシティ向けのプラットフォームを展開しています。膨大なデータを処理することによって、信号機や車線を調節するなどの取り組みが出てきています。

そうしたなかでトヨタ自動車はスマートシティ構想「Ｗｏｖｅｎ Ｃｉｔｙ」を発表しました。大事な要素は車道と歩道の分離でしょう。現在の自動運転技術における障害は、予測困難な自転車や歩行者との接触です。現在でもレベル３の自動運転、つまり高速道路であれば自動運転は実現可能です。このレベルの自動運転を都市に組み込み、街全体で自動運転を活用しようとする試みです。

「車を街に合わせるのではなく、街を車に合わせよう」という逆転の発想といえるでしょう。ただし、スマートシティにおいて一番重要な要素は人と都市との情報のやり取りで、そのソフトウェアはどこかのパートナーに外注することになりそうです。ここを外注してしまうと、大事なデータを他社に渡すことにつながってしまいます。

各社、各地域で激しい競争が始まっていますが、スマートシティとはどのようなものになるのでしょうか。まだ実験段階ですが、スマートホームの延長線上にスマートシティがあるというのが一つの考え方です。アマゾンは２０２０年のＣＥＳでガソリン代を車載のアレクサ搭載端末を通じて音声で支払う展示をしました。同年後半に米国内のエクソンモービルのガソリンスタンドで利用できるようになると発表しています。家で使い慣れているアレクサやグーグルアシスタントをそのまま街で使えれば便利だと思う方も多いでしょう。

ただホームとシティには明らかな違いがあります。スマートホームであれば無線LANで通信できる範囲を考えればいいわけですが、シティとなるとその自治体専用のモバイル通信、例えば次世代通信規格「5G」の応用の一つである「ローカル5G」でつなげることになるのかなど接続方法も考えなければなりませんし、利用者をどう認証するのか、音声の扱いはどうするのかなど、多くの考えるべきポイントがあります。

利用者の観点からすると、家に置くものは利用者が選べます。しかし都市に置くものは自治体か事業者が選びます。利用者が使いたくても、自治体や事業者が腰を上げなければ使えないのです。これは昨今のキャッシュレス決済サービスの普及を見てもそうですね。データが収益の源となっているグーグルやアマゾンが率先して自治体や事業体を説得してスマートシティの普及に力を入れていくことになるでしょう。その際に、結局は利用者の支持を得た方が速く普及します。

一方でデータの取り扱いには細心の注意を払わなければなりません。収益を優先して利用者の信頼を損なえば、利用者にそっぽを向かれてデータを扱うのが難しくなるでしょう。

スマート化でデータが手に入ることにより、都市のエネルギーの消費を抑えたり、最適な都市開発を促すことによって支出を抑制したり、住宅の価格を低減したりするなど、自治体や住民のメリットは大きいです。世界最高水準の都市圏人口を持つ東京ですが、スマート化して潜在的なメリットを生かすには、早ければ早いほどよいでしょう。数年もすると人口が拡大しているインドネシアや中国の方が巨大で、かつ新しいインフラのスマートシティが出てくることは十分考えられるのです。

マイクロソフトとの協働を発表する
ソニーCEO・吉田憲一郎氏
（2019年5月）＝Natsuki Sakai／アフロ

第4章
競争環境の変化は新規ビジネスのチャンス

誤解

まずは、自分の業界の動向を知ることが重要だ

「ディスラプション（創造的破壊）」という言葉が話題になっています。本書でも何度か取り上げている通り、デジタル化の流れはこれまでの競争のルールを変え、メガプラットフォーマーがあらゆるビジネスにインパクトを与えるようになりました。もはや、「自分の業界」だけを見ていても、競争の行方はわかりません。

本章では、今後の基盤技術となる５Ｇについて解説し、ゲームや位置情報などを例に取って、業界を超えた競争について見ていくことにします。

1 なんでそんな血眼になって5Gを推進するの?

2019年3月末に米アップルが動画やゲームの定額配信サービスを発表しました。また米グーグルもほぼ同じ時期にゲームのストリーミングサービスを発表しています。米国は華為技術(ファーウェイ)など中国の通信機器メーカーを排除。これに対する欧州各国の対応などのニュースが飛び交いました。一見バラバラに見えますが、これらはすべて一つの動きに同調して起きています。次世代通信規格「5G」の登場です。

国の威信をかけた競争

韓国SKテレコムなど大手3社は「世界初」という触れ込みで5Gのサービスを2019年4月5日に開始するはずでした。しかしそれに待ったをかけたのが通信大手の米ベライゾン・ワイヤレスです。何としても韓国より先行してサービスを開始するため、当初予定の4月11日からいきなり3日に前倒しして、シカゴ市とミネアポリスでサービスを開始しました。一方この動きを察知した韓国3社は同日にコマーシャルに出演する数人の有名女優などにスマホを使ってもらって「世界初は韓国」と主張しています。たった数人しか使えず、端末も未発売で実際にはほとんどつながらない状態。それでも「世界初」を主張するのは、国にとって5Gで先行しているイメージが重要だからです。

5Gには3つの特徴があるといわれています。現行の「4G」と比べて理論上の速度が100倍で、同時接続数が数十倍、遅延が10分の1となることです。こうした性能の特徴が、なぜ米国に中国製の機器を使用禁止にさせ、ビジネスにどう影響を与えているのかを、基地局と端末、そしてクラウドに置かれるコンテンツに分けて解説します。

基地局設備の取り合いとサイバーセキュリティの懸念

5Gではこれまでより高い周波数の電波が使われます。ここで中学校の物理で習った波の性質を思い出してみましょう。波は周波数が高いと回り込みにくくなり、遠くに届きにくくなります。つまり5Gの場合、1つの基地局でカバーできる範囲が狭くなり、しかも建物があると電波が回り込まなくなるということです。4Gと同じ範囲をカバーするには、新しく多くの基地局を設置しなければなりません。

そこで問題になるのが基地局にかかるコストです。基地局はフィンランドのノキア、スウェーデンのエリクソン、ファーウェイ、韓国サムスン電子といったメーカーが作っています。当初はファーウェイ製品が安価で設置の手間もかからないと人気でした。

ところがご存じの通り、米国や英国が中国製品の使用禁止を決めました。５Ｇでは同時接続数が増え、スマートフォンだけでなく、あらゆるモノがネットにつながる「ＩｏＴ」を支える基盤になると考えられています。そうすると軍事関連のデバイスを含む大量のデータが５Ｇのネットワークを通ることになります。サイバーセキュリティ上のリスクが増加する懸念から、米国は中国製基地局を使用禁止にしました。

ドイツやスイスなど、欧州には中国製品を排除しない国もありますが、米国の友好国の多くは米国の要請に従って中国製基地局を排除しています。中国製基地局を想定していた携帯電話事業者は事業計画の見直しを余儀なくされています。そこで「５Ｇで世界初」をアピールして韓国企業は基地局を売り込んでいるわけです（図表17）。

スマホの中核部品をクアルコムが独占

サムスン電子とファーウェイが折り畳み型のスマホを発表したのも、５Ｇ時代には通信

図表17

5Gにおける主要ビジネスは大きく3つある。
まず5Gインフラを構成する基地局、利用者が直接使う端末、
および5Gを利用するサービスだ

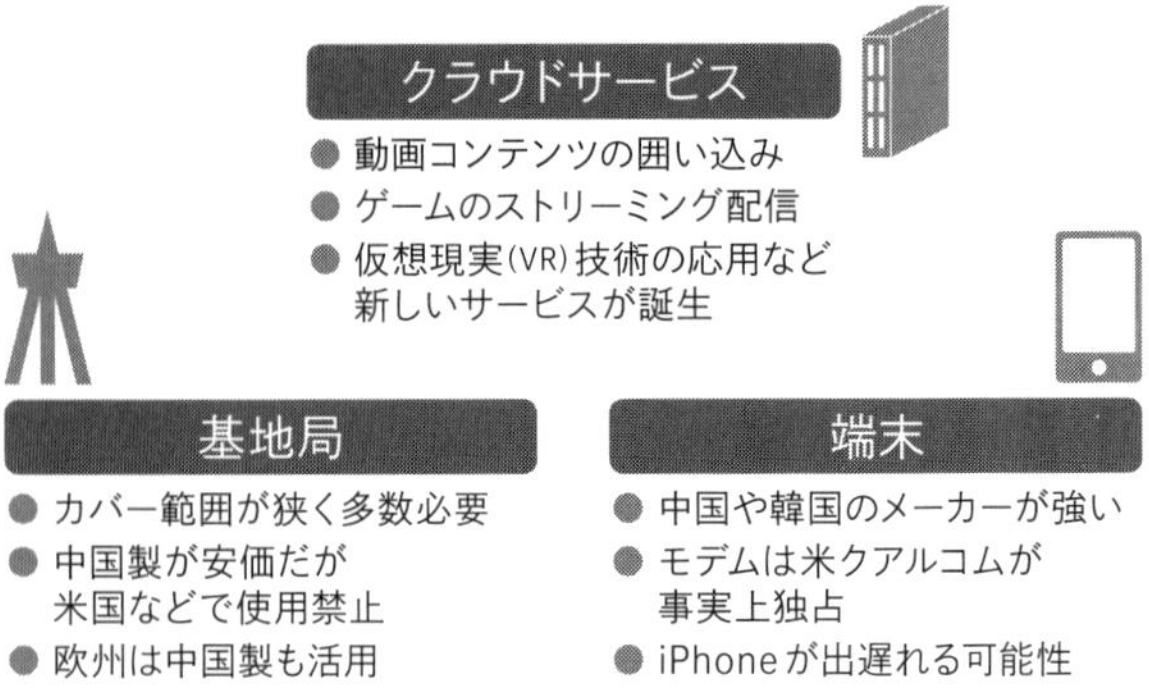

クラウドサービス
● 動画コンテンツの囲い込み
● ゲームのストリーミング配信
● 仮想現実(VR)技術の応用など
新しいサービスが誕生
基地局
● カバー範囲が狭く多数必要
● 中国製が安価だが
米国などで使用禁止
● 欧州は中国製も活用
端末
● 中国や韓国のメーカーが強い
● モデムは米クアルコムが
事実上独占
● iPhoneが出遅れる可能性

速度が上がり、高画質大画面の動画を見る機会が増えると予測したためでしょう（もっとも価格は20万から30万円程度と高く、しかも事前にメディアに配ったレビュー用の機器が壊れることが多かったため、発売は遅れるようです）。またサムスン電子はいち早く5G対応の「ギャラクシーS10 5G」を発売しました。同社はスマホで世界トップのシェアを誇りますが、世界市場で中国製品が強くなってきているので、ここで引き離しておきたいところです。

電波の送受信を担当するのが「モデム」という半導体を使う部品です。「5Gスマホ」にとっては肝心要の部品です。これを

安価で大量生産できるのは、現時点では中国のファーウェイと米クアルコムの2社だけという状況です。世界最大の市場である米国向けにスマホを作ろうとすると、ファーウェイ製品が使えないので選択肢がクアルコム製品だけになります。

ここで問題となったのが米アップルです。アップルはクアルコムと特許を巡り訴訟合戦を繰り広げてきました。４Ｇでは米インテル製品という選択肢がありましたが、インテルは5Ｇモデムの開発で出遅れていました。このままでは5Ｇ対応製品の投入で出遅れ、２０２０年にずれ込むのではないかといわれていました。しかし急遽クアルコムと和解。和解に伴いアップルという供給先を失ったインテルは、５Ｇモデムの開発を断念しました。

このため、５Ｇで中国製品を禁止するのは安全保障の観点だけではなく、自国の利益を守るためではないかという声もあります。２０１９年2月末にバルセロナで開催された携帯電話の見本市「ＭＷＣ19」で発表された5Ｇ対応製品は、ファーウェイ製を除きほとんどがクアルコムのモデムを搭載していました。

アップルがスピルバーグ監督と映画を作る意味

和解したからといって、一朝一夕でクアルコムのモデムを搭載したｉＰｈｏｎｅを開発できるわけではありません。グーグルの基本ソフト「アンドロイド」を使ったスマホが5Gでは先行することになります。5Gでしか実現できないサービスやアプリケーションは、まずアンドロイド向けに開発するしかありません。

つまり5Gの低遅延でしか実現できないストリーミングによるゲームや、広帯域を利用した高画質動画の配信などはアンドロイドに有利になります。アンドロイド向けに開発したアプリをあとからiPhone向けに移植するかどうかは、その時にiPhoneがどれくらい売れているかによるでしょう。なお、現在は世界で約30%のシェアを維持しています。

アップルにとってこのわずかなつまずきが大きな遅れになる可能性はあります。こうした懸念から、アップルは動画配信サービスやゲームの定額サービスを2020年3月末に発表しました。いずれも5Gで有力なコンテンツといわれているものです。今からコンテンツを確保し、囲い込みにつなげようという考えです。

しかしこの関係は、有力なコンテンツを持つ方が有利です。仮にとても良い映画の権利を持っていたとして、5Gを先に開始して世界シェアが7割近くあるアンドロイドより、シェア3割のアップルを優先するでしょうか。おそらく収益の割り当てなどでよほど良い条件が提示されない限り、アップルのみに独占的に提供するようなことはしないでしょう。そこでアップルはスティーブン・スピルバーグ氏など著名な製作者と独自の映像作品を作ることにも踏み込んだわけです。

日本でもＫＤＤＩが米ネットフリックスと提携したり、ＮＴＴドコモが米ウォルト・ディズニーと組んだりしたのはアップルと同様の動きと考えてよいでしょう。問題は動画やゲームなどの日本のコンテンツ業界が世界への発信に弱いところです。

日本のアニメは品質ではディズニーに対抗できるほどのポテンシャルはあると評価されています。２０１８年の2社に加え、２０２０年3月に日本のアニメ制作会社３社がネットフリックスと包括提携を発表しています。その結果、世界にコンテンツは届けられるようになったものの、利益の大部分はネットフリックスに持っていかれてしまう構造に見えます。

ネットフリックスはアップルの動画定額サービスにも入っておらず、独自のプラットフォームを形成してアップルやグーグルより有利な立場を築こうとしているのです。

2 IT大手がゲームに参入する理由

2019年5月、驚くべきニュースが舞い込んできました。世界のゲーム機販売台数でトップの「プレイステーション4（PS4）」を擁するソニーと、3位の「Xbox」を提供する米マイクロソフトがクラウドゲームなどで戦略的提携を発表したのです。ライバル関係である両社が手を組んだのは、2位の「ニンテンドースイッチ」を手掛ける任天堂に対抗するためではありません。

米グーグルが同年11月に欧米でサービスを始めるゲーム配信サービスの「スタディア」を意識したのです。スタディアは月額9・99ドルで無償のゲームを遊べ、有償でも割引が適用されるプランと、月額無料でゲームを購入して遊ぶプランがあります。ポイントはサブスクリプションモデルを採用したのに加え、そもそもゲーム機を必要でなくした点です。さらに、2020年9月にはアマゾンが「アマゾンルナ」という名前で同様のサービスを発表しています。

２０１９年8月19日には日本メーカーのコンテンツとしてスクウェア・エニックスの「ファイナルファンタジー15」やＳＮＫの「サムライスピリッツ」、コーエーテクモゲームスの「進撃の巨人2 ― Final Battle ―」などが発表されました。また米ロボットエンターテインメントの人気コンテンツ「Orcs Must Die!」の最新版が、２０２０年春の独占タイトルとして発表されました。

ゲーム機の歴史はグラフィックス処理性能の歴史

これまでゲームはソフトウェアを店頭やウェブサイトなどで購入して、それを専用の機器や高性能なパソコンを使って遊ぶのが当たり前でした。ゲームはコントローラーからの入力を処理し、人間がストレスを感じない速度でその結果をビジュアルに反映させる必要があります。特に最近はリアルさを追求するため、引力や空気抵抗などの物理現象をシミュレートしたり、流麗な3次元グラフィックスを処理したりするため、かなり大掛かりな計算処理が必要です。

ゲームの見栄えの良さは、ゲーム機の処理能力の高さに依存してきました。同じメーカーの製品、例えば「ファミリーコンピュータ」から今のニンテンドースイッチに至るまでのゲームの進化を見れば納得していただけるでしょう。

一方で動画配信の進化を思い起こしてください。以前は磁気テープのＶＨＳや、ＤＶＤ、ブルーレイ・ディスク（ＢＤ）などのメディアをレンタル店から借りてきて、専用の機器で再生するのが主流でした。しかし今は光ファイバーの普及などもあってインターネットが高速化し、専用再生機器がなくてもブルーレイと同等の高画質の映像が配信できるようになりました。「ネットフリックス」など動画ストリーミング配信が普及し、レンタル店は縮小の一途です。

ゲームは基本的にはこのストリーミングにコントローラーの入力が反映されればよいわけです。そこでスタディアでは、最新ゲーム機器である「ＰＳ４プロ」や「Ｘｂｏｘ　Ｏｎｅ」を凌駕《りょうが》する処理をクラウドで実現しました。半導体メーカーの米ＡＭＤと共同開発したグラフィックスチップを採用しています。このようなクラウドサービスは米マイクロソフトや米エヌビディアも力を入れているところです。

遅延が致命的な要素になる

ただゲームの場合、動画配信とは大きな違いがあります。利用者の操作をゲームにリア

図表18
米グーグルの「スタディア」は
5G時代を想定したゲームプラットフォームを目指す

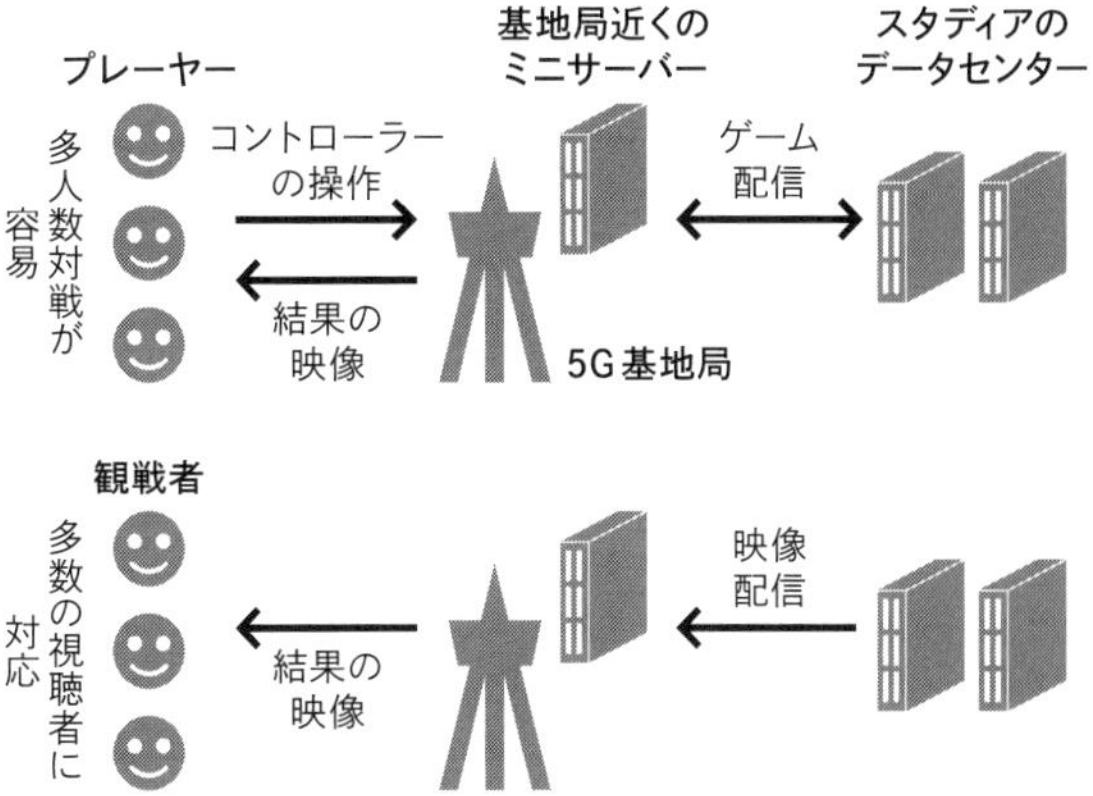

ルタイムで反映し、その結果を動画として組み立てなければなりません。その処理に要する時間に加え、ネットワークを経由して画像を送るために物理的に遅れが発生してしまいます。これらをまとめて「遅延」と呼びます。特に、格闘ゲームや欧米で人気のあるＦＰＳ（主人公の視点でのシューティングゲーム）はリアルタイムに撃ち合うゲームですので、遅延は非常に大きな問題になります（図表18）。

２０００年設立のフィンランドの「Ｇ―クラスタ」から始まり、これまで多くの企業がゲームのストリーム配信を試みてきました。しかし遊べるゲームに限りがあり、接続が遅く大きなヒットには至りませんでした。10年以上前の2009年に英国のベンチャーが始めた「OnLive」はあまりにも遅延が多くて人気が出ず、2015年に主要資産をソニーに売却して閉鎖されました。

2010年に米国で始まった「Gaikai」は2012年にソニーに400億円近くで買収されています。これらを取り込んだソニーは2014年に「PlayStation Now」というストリーミングサービスを発表し、サービスを始めましたが、大きなヒットにはつながっていません。

グーグルはもちろん、こうした経緯を踏まえています。遅延については既存のデータセンターのほかに、消費者に近い場所にミニサーバーを設置すると明らかにしました。物理的な距離による遅延を少なくするためです。昔から米国で光ファイバー事業も手掛けていたグーグルだからできる取り組みだと思います。この点はマイクロソフトが発表した「xクラウド」よりも踏み込んだ内容になっています。

グーグルはコンテンツの充実はもちろん、ユーチューブのゲーム映像からユーザーを誘導するなど、サービスへの導線にも力を入れています。ゲームが好きな人にとってはいいゲームをプレイしたいという欲求があり、クラウドの処理能力がゲーム機の性能を超えてきたタイミングで消費者が移るだろうと考えているのでしょう。

もちろん、ストリーム配信するゲームにはデメリットがあります。例えば新幹線でトンネルを通るときなど、高速通信が維持できない環境ではゲームが途切れてしまいます。ただクラウドなら中断される前の数分間のゲームの状態は自動的に保存されているため、１人用のゲームならば問題なく再開できるでしょう。

このタイミングでグーグルがゲームのストリーミング配信に乗り出した背景には、５Ｇがあるのは間違いないでしょう。同じゲームを家の中でも外でも遊びたいというニーズには、高速かつ低遅延の５Ｇは必須の技術です。

ユーザーのデータを解析して、リアルタイムで改善できる

モバイルＯＳのもう一つの巨人である米アップルも、もちろんこのゲーム市場に参入しようとしています。ゲームの定額制サービス（サブスクリプション）である「アップルアーケード」と、アップル独自のゲームをｉＰｈｏｎｅ向けに開発することを２０１９年の３月に発表しています。しかし、先ほども述べた通り、チップメーカーの米クアルコムとの訴訟があった関係で５Ｇの導入が遅れているという観測があり、加えてグーグルやアマゾ

ンのような高性能なクラウドサーバーを使っていないため、ストリーミングゲームの導入は1年ほど遅れてしまうでしょう。

ゲームをストリーム配信するメリットは、利用者がゲーム機を買う必要がなくなるだけではありません。ゲームの入力をリアルタイムにクラウドサーバーで処理するので、利用者がどうゲームを遊んでいるかを解析して改善できるのです。米ネットフリックスが動画の再生停止や、巻き戻しなどのデータを解析して、動画を視聴者にお薦めする際に利用するのに似ていますね。

例えばアクションゲームで難しい場面があったときに、利用者がどこでつまずいているかを識別して、少し簡単に修正するといった対応ができます。また複数のバージョンを分けてランダムに配信して、一番好評だったバージョンを採用することもできます。利用者の好みに応じてお薦めするゲームが変わったり、ゲームが一番面白いように自動的に補正したりできます。

夢が広がるストリーミングゲームサービスですが、日本メーカーにとっては大きな危機でもあります。これまで機器の性能や独特のコントローラーがあったからこそユーザーを囲い込めていたからです。今でこそ「プラットフォーマー」といえばグーグルや米アマゾン・ドット・コムなどを指す言葉ですが、任天堂もプラットフォーマーと呼ばれていました。ゲーム機器を安く売り、ソフトウェアでお金を徴収するビジネスモデルだったからです。任天堂はプラットフォーマーの先駆けでした。

もちろん、仮想現実（ＶＲ）を利用したゲームなど、機器がなければ体験できないものもあります。ゲーム機という仕組みは残るでしょう。しかし、データ量は増えますが、機器内での演算処理はせず、クラウドにつなげる時代が来ると考えるべきです。「ｅスポーツ」などプロのゲーム競技が増えるにつれて、ゲームのプレイ動画を楽しむという需要も高まります。ますますクラウドへのシフトは進むでしょう。

そうなると差別化の要素は、クラウドサービスの処理性能と、独自のコンテンツの有無の２点に絞られます。その点では高速処理が可能なクラウドサービスを展開しているアマゾンとグーグル、マイクロソフトの３社が有利な立場にあります。

もう一つは動画配信市場のように、独自コンテンツ（つまりゲームクリエーター）が大きなカギになります。日本は「マリオ」シリーズや、「ポケットモンスター」「ゼルダの伝説」「大乱闘スマッシュブラザーズ」「ファイナルファンタジー」「スプラトゥーン」「モンスターハンター」など、海外でも通じる数々のヒット作を生み出してきました。コンテンツ提供者として有利に戦える可能性は高いでしょう。しかしプラットフォームでは厳しい戦いを強いられそうです。

3 なぜ今、位置情報ゲームが熱いのか？

「ポケモンGO」で有名な米ナイアンティックはワーナー・ブラザースジャパン合同会社（東京・港）と共同で、J・K・ローリング氏原作の大ヒット映画「ハリー・ポッター」シリーズを題材にしたゲーム「ハリー・ポッター：魔法同盟」の配信を2019年に国内で始めました。

これと時期を同じくして、スクウェア・エニックスがスマホゲーム大手のコロプラ（東京・渋谷）と共同で位置情報ゲーム「ドラゴンクエストウォーク」のベータテストを開始。電通などはサッカー漫画「キャプテン翼」を題材にした位置情報ゲーム「TSUBASA＋」を発表しました。海外でも米マイクロソフトが約2500億円で買収した有名ゲーム

「マインクラフト」の世界を現実世界に重ねて再現する「マインクラフトアース」を発表しています。米ナイアンティックは、他にも有名ボードゲーム「カタン」を位置情報を活用した形にしたものを２０２０年以降に公開する予定です。

これらに共通する特徴は、①位置情報を活用し、②ゲームの世界と現実世界を結ぶ拡張現実（ＡＲ）を応用している点です。なぜこうしたゲームがここにきて相次ぎ登場しているのでしょうか。位置情報とＡＲに分けて考えてみましょう。

位置情報ゲームで収益を上げる2つの方法

位置情報ゲームでは、全地球測位システム（ＧＰＳ）などを利用した携帯電話の位置情報機能を用いて、画面に表示された地図と現在地を連動させ、利用者が歩き回ることによって遊べます。

古いものはガラケー全盛の２０００年に始まっています。当時はようやく通信規格として「３Ｇ」が始まるかどうかといったぐらいの時期です。位置情報ゲームでは日本は世界最先端だったのです。

２００８年ごろから「ｉＰｈｏｎｅ」をはじめとするスマートフォンが普及してから、

ユーザー数が数百万人という規模の位置情報ゲームが出現してきました。この流れが大きく変わったのは2016年に登場したポケモンGOからでしょう。配信開始8週間で全世界5億ダウンロードというギネス世界記録を含む驚異的なブームを巻き起こしました。このきっかけが日本から生まれていたことは非常に大きな意味を持ちます。

位置情報ゲームの収益の上げ方は主に2つあります。1つはスマホゲームでよく見かける課金アイテム方式。基本無料で遊べますが、有料のアイテムを購入して利用するとゲームを有利に進められます。

2つ目はイベントなどへの集客です。例えばポケモンGOでは、スポンサーになるとその店などの場所がアイテムをもらえる「ポケストップ」になります。つまりゲームが利用者を引き付けて集客することになります。またどの場所にどれだけの人がやってきたのかもわかります。こうした情報や集客に、スポンサーとしてゲームメーカーに代金を支払うのです。

自治体と提携し地方観光の活性化に結びつけるのにも使われます。例えば東日本大震災の津波で流されてしまった建築物を訪れるなど記憶の風化の防止と安全啓発のために使われることもあります。

また保険会社と提携し、歩くことによる運動効果を健康に生かす取り組みもあります。ナイアンティックの創業者兼社長であるジョン・ハンケ氏は、自分の子供が家の中でゲームばかりをして不健康なので、外に出るきっかけになるという思いも込めて位置情報ゲームを作りました。

位置情報ゲームが簡単には作れない理由

一見すると位置情報と地図を組み合わせればいいだけなので位置情報ゲームは簡単に作れると思われがちです。しかし実は簡単ではありません。地図上のどこに目を引くものがあるのか、「ＰＯＩ（ポイント・オブ・インタレスト）」という情報が必要なのです。例えば名所であるとか、利用者の興味を引きそうな場所などです。

ナイアンティックがここに強いのは、位置情報ゲームを長く手掛けているからです。ナイアンティックは米グーグルの社内ベンチャー時代に開発していた「フィールドトリップ」という各地の名所を扱うアプリ（現在は提供終了）や、「イングレス」という位置情報ゲームも手掛けていました。これらで培った全世界の名所のデータがポケモンＧＯやハリー・ポッター：魔法同盟に生かされています。例えば名所でも歩いて行きにくい場所や周辺に

図表19

「ポケモンGO」に似たゲームを作ろうとしても難しい点は少なくない。
グレーの囲みが特に難しいポイントだ

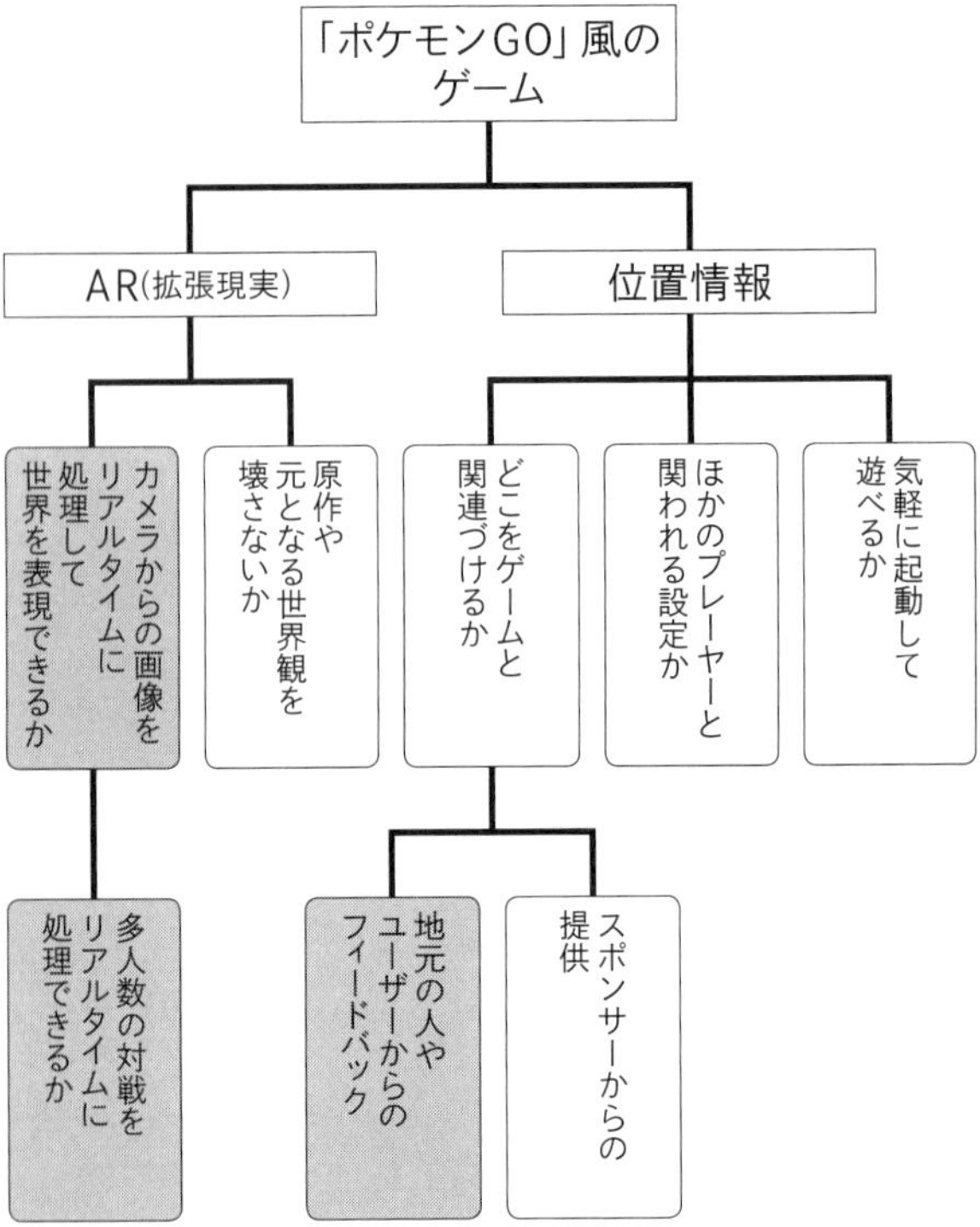

迷惑をかけてしまう場所は削除したり、またここは名所にすべきだというユーザーの申請で新しく登録したりしています。

この位置情報にちょうど適した名所の情報は非常に重要で、他社がまねようにも一朝一夕ではできません（図表19）。

ARをうまく実現するために5Gが待たれる

ポケモンＧＯで話題になったことの一つがＡＲの応用でした。まるでポケモンがゲームの世界を飛び出し、現実世界にいるように見えたからです。ポケモンＧＯではまだおまけのような使われ方ではありますが、マインクラフトアースではＡＲがゲームの中心になりそうです。

ハリー・ポッター：魔法同盟でもＡＲ技術が使われていますが、例えば多人数でＡＲを用いて魔法をかけ合うという機能はまだ実現していません。これは技術的な課題があるからです。

そしてここに「なぜ今なのか」に対する回答があります。２０１９年の秋から２０２０年にかけて、米国で普及期に入った次世代通信規格「５Ｇ」の存在です。５Ｇ対応のスマホであれば、カメラから取り込む画像を高速に処理し、かつ、多人数の同時プレイを実現できます。高速、低遅延、飛躍的な多人数接続ができる5Gであれば、多人数で同時にARの世界でプレイすることができるかもしれません。もう一つはゴーグル型の対応デバイスが大きな地殻変動になり得ます。

人気キャラクターとスマホゲームを掛け合わせればそれだけでヒットするほど、位置情報ARゲームの世界は単純ではありません。原作が持つ世界観を壊さず、ユーザーが感情移入したり没入したりすることが可能で、かつお年寄りから子供まで遊べる手軽さが必要です。こうした要素のバランスが絶妙であれば、位置情報ARゲームのヒット作となるでしょう。

4　食が変わる？　肉だけではない「人工」製品

人工肉は、未来の話ではない

ある週末、ふと入ったレストランのメニューを眺めていると、「インポッシブルバーガー」という見慣れない名前の料理が目に飛び込んできました。米インポッシブル・フーズが開発した人工肉を使ったハンバーガーです。「ベジタリアン向け」という以外は特に注意書きもありません。メニューの中に自然に記載されています。値段は他の料理よりも少し安く、実際に注文して食べてみると、一般的な動物性の肉と変わらない味がします。

インポッシブルバーガーは遺伝子操作をした酵母菌が生み出す肉独特の風味を出す「ヘム」という物質を混ぜた植物由来の人工肉を使用しています。開発したインポッシブル・フーズによると、このハンバーガーは温暖化ガスの排出量を8分の１に抑制し、栽培に必要な土地面積は家畜を育成する場合の20分の１、水は４分の１で済むとのことです。環境問題に先進的に取り組むカリフォルニア州で人気になるわけです。また、将来人口が増大した際に、食料が不足する懸念を緩和する手段としても注目されています。単なる利益目的を超えた貢献ができる分野でもあります。

このような光景が米国では当たり前になりつつあります。２０１９年5月には大豆やえんどう豆を原料とした人工肉を提供するビヨンド・ミートが上場し、1兆円近い時価総額になりました。人工的に食材を作るなど未来の話に思えてしまいますが、もう商用化されて現代の生活に入り込んでいるのです。

狭いビルにも「植物工場」

ウイスキーを人工的に作るベンチャーも出てきました。米エンドレス・ウエストは「グリフ」と呼ぶウイスキーを発売しました。ウイスキーは本来、樽《たる》の中で何年もの長い時間をかけて熟成させます。これを化合物で作ろうというのです。試してみましたが、一般的な消費者からすると違いがわからないほどです。既存のウイスキーメーカーにとっては脅威といえるでしょう。

おそらく既存メーカーはよりウイスキーの味の違いがわかる人向けに特化していくので

しょう。腕時計が3万円程度の「アップルウォッチ」と、１００万円以上する高級腕時計にすみ分けていったようになると予想されます。

農作物をビルの内部で育てる企業も脚光を浴びて、最近は創業も増えてきました。普通に農作物を育てるには広大な土地に温暖な気候が必要なはずです。しかし光合成できる光を人工的に作り上げれば植物は育ちます。狭いビルでもフロアを重ねれば、農地と同様の環境で育成ができます。

こうした「植物工場」のアプローチは以前からありました。ここにきて精緻な栽培データを収集して収量や品質を改善したことで費用対効果も高まりました。水の管理や土の品質管理、葉の状態などを常にカメラやセンサーでモニターして、適切な水の供給法や温度調整などに人工知能の技術も応用して、最適化できているのです。

もう一つの要素として輸送コストがあります。農産物のコストには運ぶ手間も含まれます。消費される場所に近い方がコストは下がります。工場を置くビルの不動産価格の上昇や、光合成の照明施設の費用が低ければ十分ペイできるのです。例えばニューヨークに近いビルで単価の高いイチゴを生育して、高級レストランに高品質で新鮮という付加価値を付けて販売する企業が出てきています。もちろん、保存が難しい在庫もかかえますし、競

図表20
人工的な食物が相次ぎ登場している。
その背景にはいくつかの要素がある

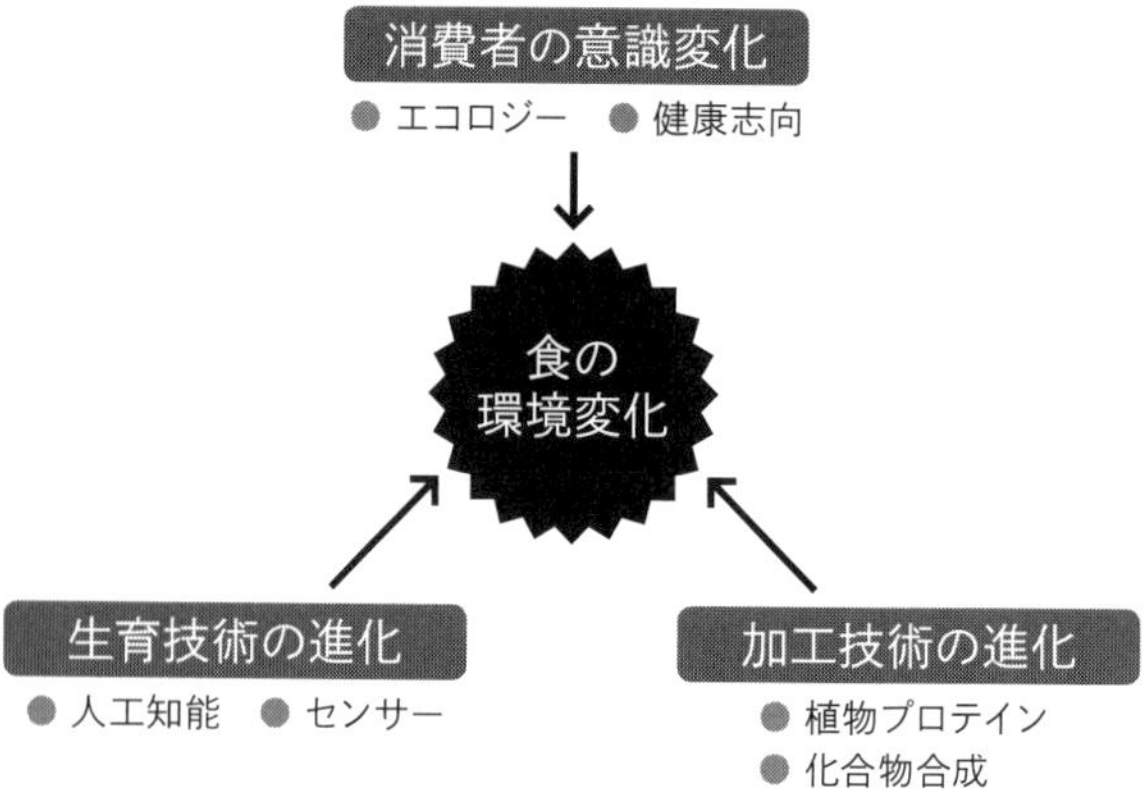

合も出てくることから簡単なビジネスではありません。

これまで人工的に作られた食物といえば、遺伝子組み換え食品など、生産性を重視したものが主流でした。生産者側の論理で導入が推し進められ、ネガティブな印象を持つ消費者も少なくありません。

しかし植物由来のタンパク質や、新鮮でおいしいフルーツを高級レストランや高級スーパーの近くで作ることは、むしろ消費者目線で発展してきました。環境への配慮やベジタリアンの好みに合わせてきたわけです。消費者に寄り添う食の進化は、これまでなかなか変化がなかった食品市場を変えていく可能性を秘めています。

食には強みがある日本としては、高品質のものを少量で売るだけではなく、いかに顧客に新鮮に届けることができるか、またエコなど、食を通じて体験したい感情は何かということについて注視しておく必要のある分野です。

スウェーデンにある
フェイスブックのデータセンター
=Scanpix Sweden／アフロ

第5章

次々に出てくる流行り言葉に騙されない

誤解

話題のテクノロジーは、まず取り入れた方がいいよね？

　ここまで本書をお読みくださった皆さんは、最先端のテクノロジーを知ることの重要性をご理解いただけたことと思います。でも、ちょっと待ってください。いくら重要だからといって、やみくもにＩＴベンダーのセールストークに飛びついてはいけません。

　第5章では、ＡＩ、ＭａａＳ／ＣＡＳＥ、ロボットアドバイザーなどを例に取って、「流行り言葉の見極め方」について考えていくことにしましょう。

1　「ＡＩを使っています」は本当か？

ベンチャー企業とのミーティングで「我が社はＡＩを使って分析をしています」とよく聞きます。しかし「どんなモデルを使っているんですか？」と尋ねても「企業秘密なので答えられません」という回答しか返ってこないと残念に感じます。

これだと、本当にＡＩを活用しているのか、外部からはわかりません。特に宣伝がビジネスだと思っている人には、自社を高く評価してもらうために流行の言葉を使いがちです。数年前にビッグデータという言葉のブームがあった時と、中身が何も変わらない話で「ＡＩを活用している」と言う人もいます。

逆にいえば、周囲が話の内容をちゃんと見極める必要に迫られています。今回はＡＩについての説明をして、それを踏まえたうえでこうした虚飾を見極めるコツを説明しましょう。

人工知能という曖昧な言葉

実はＡＩという言葉自体はそれほど明確な定義がありません。だから技術を真摯に伝えたい専門家は、あまり使いたがらない言葉です。コンピュータの分類にたとえてみると、ＡＩはコンピュータみたいなもので、そのなかにはパソコンやサーバー、ノートパソコン、スマートフォン（スマホ）が含まれるような感じです。だからスマホに関心が高まっている時に「コンピュータが要注目だね」と言うとピンボケな感じがするように、本来「ＡＩを使っています」はあまり意味がない言葉なのです。

ＡＩという言葉は１９５６年に米国の「ダートマス会議」で提唱されました。当時は主として記号による表現を使って、推論によりゴールを探索するという基本的な枠組みを作っていました。人間の知能をコンピュータで再現できるのではないかと、研究者が色めき立ったのです。これが「第1次ＡＩブーム」です。しかし当時のコンピュータの性能ではごく小規模な探索しかできず、現実世界の問題にはほとんど適用できませんでした。

その30年後の１９８０年代にＡＩブームが復活します。「エキスパートシステム」の登場です。特定の専門家の知識をデータベースに蓄え、専門家の仕事をコンピュータで再現しようという試みでした。当時かなり話題となり、日本でも政府が「第五世代コンピュータ」プロジェクトを実施するなど活況となりました。これが第２次ＡＩブームです。専門家はデータベースに明確に定義するのが難しい要素まで含めて判断しているため、結局このアプローチも失敗に終わります。

時は流れ、さらに30年後の２０１０年代になり、深層学習（ディープラーニング）が登場します。人間の神経を模式化するニューラルネットワークを多層に（ディープに）重ねたことから「ディープラーニング」と呼ばれています。実際のところその仕組み自体は第１次ＡＩブームの頃からあったものですが、コンピュータの進化と研究の発展が重なって、人間がプログラムとして事前にやり方を指示するよりうまく動作するところまで到達したのです（図表21）。

深層学習を理解する

では深層学習とは一体どんなことをしているのでしょうか。子供の頃を思い出してください。猫を「猫」だと認識できるようになったのは何匹か犬や猫を見かけて、これは猫でこれは犬というのを教えられたからではないでしょうか。脳の神経は猫と言われた動物の

図表21

人工知能（AI）は現在で3回目のブームになっている。
英ディープマインドのデミス・ハサビス氏は
これを「正しいはしごを登り始めた」と表現した

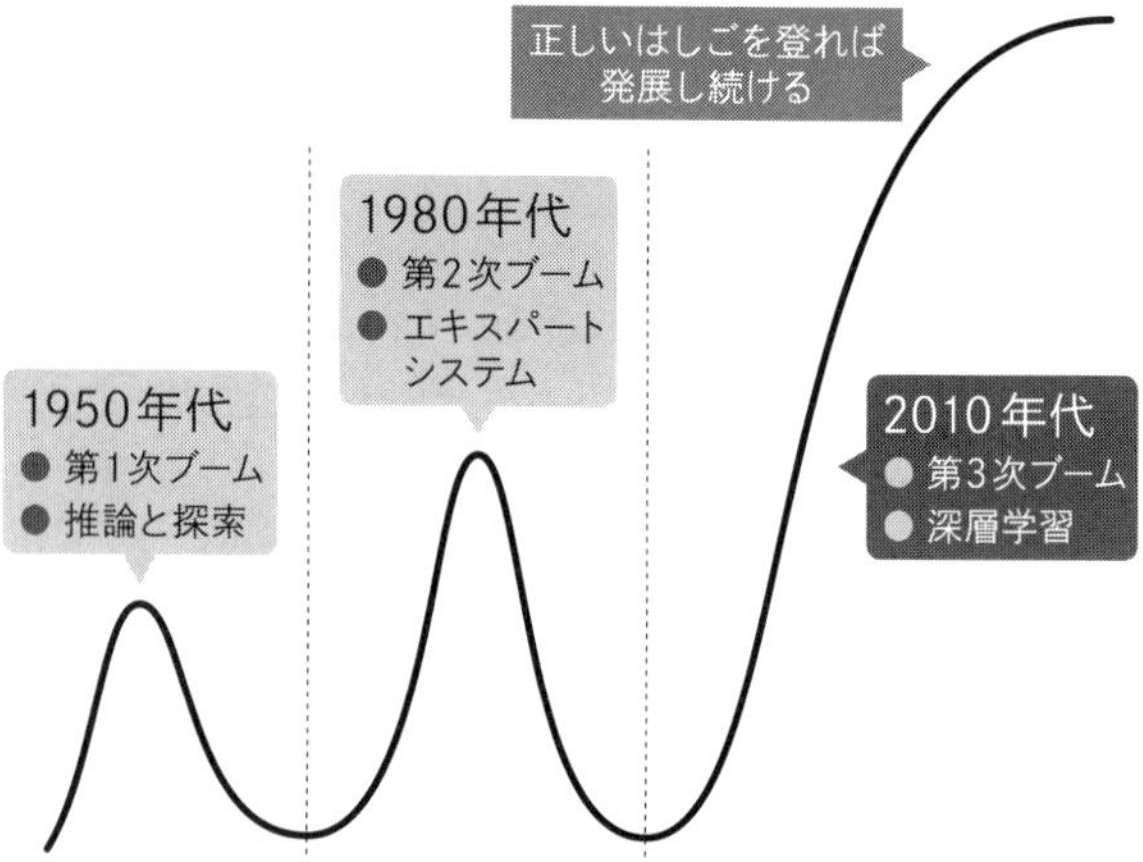

体の大きさ、耳の形、鼻、目、口の大きさといった特徴の共通しているところを無意識に学習しています。この学習があるから、次に別の猫を見かけても猫と判断できるのです。

深層学習はこれを数学的に実現する手法の一つです。深層学習では何重にも関数（隠れ層といいます）を重ねています。関数はそれぞれパラメーターがあり、口や目などの特徴を「これは猫」「これは犬」となるように調整していきます。これが学習です。特徴の違いを際立たせるようにするには、色や大きさ、顔の形などいろいろなパターンを学習する必要があるので、性能の良いコンピュータで処理する必要があるのです。

本当にその人は今の専門家なのか

米グーグルの持ち株会社アルファベット傘下の英ディープマインドを創業し、この第3次ブームの先頭を走っているデミス・ハサビス氏は今までとの違いを「正しいはしごを登り始めた」と評しています。逆にいえば、これまでAIには長い歴史があり、そのブームごとに多くの専門家を生み出しました。第2次ブームの頃の専門家に第3次ブームのことを聞くのは「そろばんの名手にエクセルのことを聞く」ようなものです。第2次ブームの頃は、深層学習の母体となったニューラルネットワークの研究者は「コネクショニスト」、エキスパートシステムの研究者は「シンボリスト」と呼ばれ、対立していたくらいです。

深層学習を活用するには、基本的に学習処理はクラウドで実施します。また統計学の知識が相当に求められるため理系の素養は必須です。このどちらかが欠けているのは怪しい可能性があります。もしベンダーやコンサルティングで「AIを使っている」と言うなら、どのクラウドサービスを使っているか、どのようなモデルを使っているかを質問してください。また最終的な見極めとして、必ず統計学を学んだことのある人にレファレンス（人物照会）をお願いしてください。米国では自分が信頼できる人にレファレンスを依頼するのが普通です。有名企業、有名大学だからといってそのまま信じることはできません。

深層学習には限界がある

もう一つ重要なことは、現在の深層学習でできることは限られている点です。現在のところ画像認識、音声認識、自然言語処理、複雑なデータからパターンを見つけ出すといったタスクは手法が確立されています。逆にこれ以外のタスクに深層学習を適用するのは、今の段階では難しいのです。特にビジネスで使うならば、この4つのパターンを活用するものに絞った方がよいでしょう。

「AIを使ったプロジェクト」を社内で検討したり、外部から誘われたりすることは多いでしょう。またAIと銘打った書籍や報道も多々あります。上記のことを念頭に置いて正しいビジネスパートナーを選び、書籍や情報を見極めてください。

2 MaaS/CASEは自動車業界をどう変える?

赤の他人の車で目的地に着ける

空港に降りたつと、まずスマートフォンでアプリを開いて、目的地を指定。やってきた車にさっと乗り込む。バスターミナルやタクシーを探して右往左往したりしません。最近はこういった利用者が増えています。2019年の時価総額約8兆円を誇る米ウーバー・テクノロジーズや中国・滴滴出行(DiDi)、シンガポールのGrab(グラブ)といった企業が展開する配車サービスを利用しているのです。こうしたサービスの台頭とともに、「MaaS(サービスとしてのモビリティ)」という言葉が使われるようになりました。

しかし冷静に考えてみると、「移動手段をサービスとして提供する」のは本当に画期的なのでしょうか。その構成要素を見ていきましょう。

まずMaaSという言葉を考えてみます。これはSaaS(ソフトウェア・アズ・ア・サービス）という言葉をもじったものです。これまでコンピュータはアプリケーションソフトを購入しなければ使えませんでした。それをクラウドサービスとして提供し、ソフトを購入しなくても利用できるようにしたものです。

これに伴い最初に買い切りで利用権を購入するのではなく、月額料金を払って継続的に利用するという販売形態に移行しました。ソフトという「モノ」からサービスに移行するという意味で、「サービスとしての」（as a service）という用語ができました。

それがモビリティ（移動手段）と結びついたのがＭａａＳです。ウィキペディアによると、２０１２年に米サンフランシスコ市で仏アグリオンという団体が開催したイベントで初めて使われたようです。

冷静に考えてみますと、そもそも「サービスとして移動を提供する」のはタクシーや電車などですでに実現しています。一方で一般人の自動車を移動サービスに利用できたり、1つのアプリで複数の移動サービスにまたがって経路を指定したり決済ができたりするようになってきて、モビリティビジネス自体が変わりつつあるのは事実です。ＭａａＳという言葉は、その変化を指しているわけです。

この用語ができたきっかけは２００９年に始まった配車サービスのウーバーです。これまで電車やバスが通っていない場所への移動は大変でした。歩ける距離ならばいいのですが、そうでなければ自分で自動車を運転するか、ハイヤーやタクシーで運んでもらうしかなかったわけです。利用者にとって非常にコストが高いものでした。

よく配車サービスは乗り合いだから価格が安いと考えられがちですが、これは一部の要素にすぎません。一番大きいのは、赤の他人の車に乗せてもらって、目的地に着くことができるようになったことなのです。

MaaSを可能にした3つの要素

どうしてこのようなサービスが実現できるようになったのでしょうか。大きく３つの要素があります。

１つ目は、常に最新状態のナビ機能がスマートフォンで使えるようになったことです。例えばグーグルマップのナビ機能ですね。これにより、道にそれほど詳しくない一般人でも、自分の知らない場所に容易にたどり着けるようになりました。これまでならタクシーのベテラン運転手しかスムーズにたどり着けなかったような場所でも、一般人でも行けてしまうようになったのです。

２つ目はＧＰＳ（全地球測位システム）を含むコミュニケーション機能の向上です。日本では以前から携帯電話にＧＰＳ機能があって、ショートメッセージサービス（ＳＭＳ）でコミュニケーションできました。しかしリアルタイムにどこにいるかを共有し合う機能はありません。２００７年にスマートフォンが登場し、これを実現できるようになったのです。その結果、タクシー乗り場でなくても自動車を待つことができるようになったわけです。

さらにチャット機能です。見知らぬ他人に突然電話をするのは気が引けるものです。しかしチャットであれば、電話よりは気軽で心理的障壁が低くなります。翻訳機能が標準で付いているものもあるので、旅行先など知らない言語の相手でもコミュニケーションが円滑にできるのです。

そして最後がドライバーとサービスの信頼関係です。免許証の登録や身元の確認が容易になり、かつ乗客からの評価が毎回付けられます。ナビ機能とＧＰＳ機能は利用者にも共有されているため、大回りをして料金を稼ごうとしてもすぐにわかってしまいます。真面目に頑張る良いドライバーがより利益を得て、態度が悪い横柄なドライバーは淘汰される仕組みになっています。一方で乗客もドライバーに評価されます。あまりにひどい乗車態

図表22

MaaSはモビリティのサービス化というよりも、
スマートフォンの利用により
新しい移動手段を生み出したという側面が強い

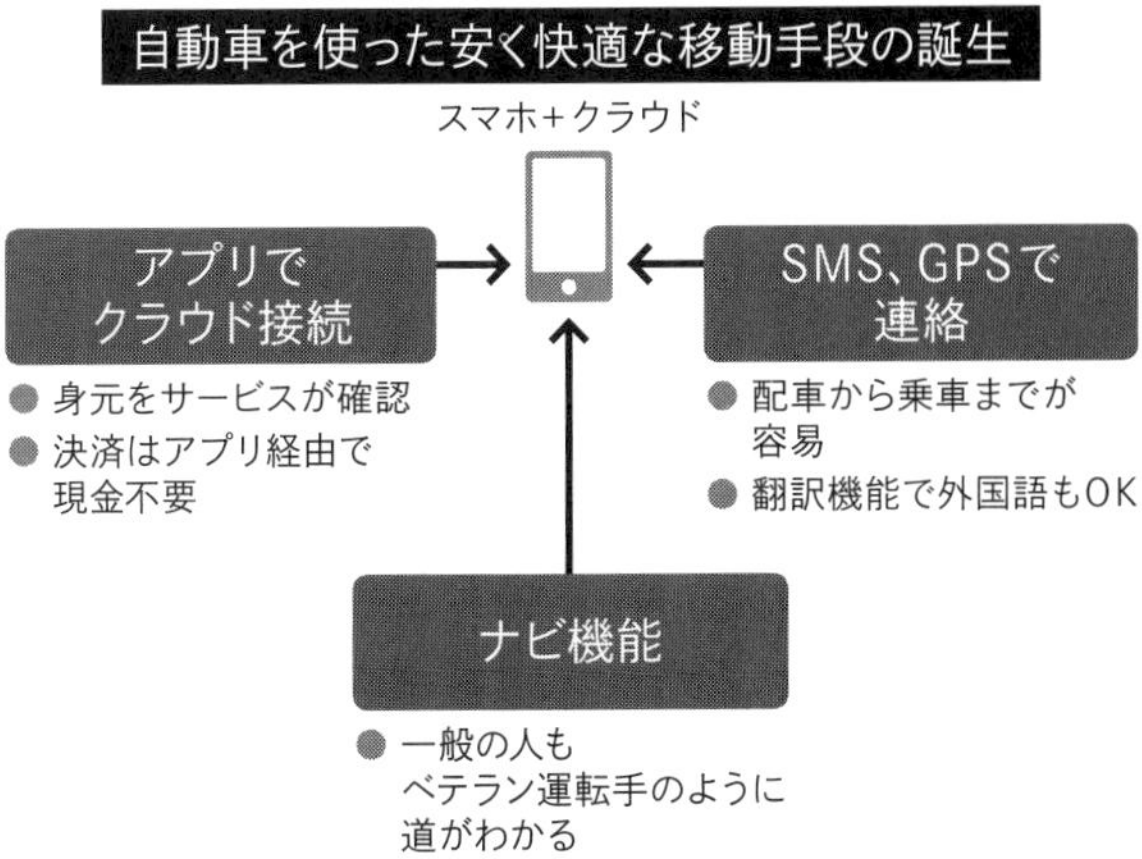

自動車を使った安く快適な移動手段の誕生
スマホ+クラウド
アプリで
クラウド接続
● 身元をサービスが確認
● 決済はアプリ経由で
現金不要
SMS、GPSで
連絡
● 配車から乗車までが
容易
● 翻訳機能で外国語もOK
ナビ機能
● 一般の人も
ベテラン運転手のように
道がわかる

度や、なかなか指定位置に現れないと、良いドライバーの自動車に乗れないようになる仕組みもあります。

支払いも、アプリに登録されているクレジットカードから自動で引き落とし。領収書は電子メールで届くため、目的地に着いてから財布を出す必要もありません。ドライバーが料金をごまかすことも難しいのです。トラブルには運営会社が対処をします（図表22）。

これら3つの要素によって、タクシー運転手が独占していた運転業務が、その数十倍の一般のドライバーから提供されるようになりました。その結果価格が3割程度安くなったのです。価格が下がることによって、タクシーを使わなかった距離の移動や、タクシー乗り場以外での使用機会が増えて、タクシーの利用客を奪うのではなく、マーケットを拡大している側面があります。

コロナの影響で先行き不透明になりましたが、東京五輪・パラリンピックが開催されれば多くの外国人観光客がやってくることが期待されています。彼らは東京のみならず地方も観光します。その多くはあまり現金を持たず、日本語を話しません。しかしスマホは持っています。こうした利用者と先の3つの要素は非常に親和性があります。特に目的地指定や決済と翻訳機能が便利です。

さらにその先にはモビリティサービスの無人化が控えています。配車サービスのコストの7割は人件費といわれています。米国では無人化した「ロボットタクシー」が2020年以降に本格的に始まりそうです。

進化は自動車に限らない

モビリティは自動車に限りません。日本発の「WHILL」という電動車いすは、個人の移動を支援するサービスとしてオランダ・スキポール空港や英ヒースロー空港などで実用化に向けて協議を進めていますし、日本の空港でも２０２０年には試験運用をされています。ヘリコプターや乗れるドローンもニューヨークなど海外で２０２４年をメドに運用開始が予定されています。これまでの都市部から空港までのヘリコプターでの移動が10万円とすれば、それが４万円ほどになるといわれています。

これらが１つのアプリで完結すればこのような移動が可能になります。飛行機が空港に到着したら空港内をヘリポートまでＷＨＩＬＬで移動し、ヘリポートからは搭乗できるドローンによって空を飛んで都市部のヘリポートに移動。そこに着くと最適な場所に自動運転車が配車されて待っています。自動車で入れないところなら電動キックスケーターが用意されているという形です。目的地まですべて最適化され、決済もまとまっているので別々に予約する必要もなく、その方が安価で済むという時代が到来するでしょう。これが日常の光景となる日が２０３０年より前に来る可能性は十分にあります。

この進化の速度に付いていくには、正しく先を読む力が求められます。馬車から自動車に変わった１９００年代よりも圧倒的に速いスピードで変化しますし、事情は複雑です。多くの利用者がスマホを所有するようになっても、パソコンへのニーズが残されているように、自動車業界がすぐになくなることはないでしょう。しかし自動車メーカーの役割は、電動キックスケーターも含む複数の移動手段を持つモビリティサービスへと大きく変わるかもしれません。

MaaSの先に控えるCASE

もう一つモビリティ関連で話題の言葉として、「CASE」(つながる、自動運転、シェアリング、電動化)があります。この言葉は、2016年のパリ・モーターショーで独ダイムラーのディーター・ツェッチェ社長(当時)が提唱しました。ダイムラーというと少し日本ではなじみが薄いですが、メルセデス・ベンツと言えばわかりますね(図表23)。

自動車がインターネットにつながると自動車がどう変わるかを、米テスラが示してくれました。常に最新のソフトウェアをダウンロードできて、最新の地図が見られます。渋滞を回避した道案内や、音楽の再生も可能です。駐車場にある無人の車をスマホで呼び寄せる機能も実現しています。自動運転や電動化は、日本を含め各国のメーカーが取り組んでいます。

これら4つの要素のうち、現実のビジネスモデルとして利益に直結するのは配車プラッ

図表23

CASEを構成する4つの要素を整理した。
自動化（A）や配車プラットフォーム（S）には
インターネット接続（C）が必要だ。
実は電動化（E）はちょっと独立した要素となっている

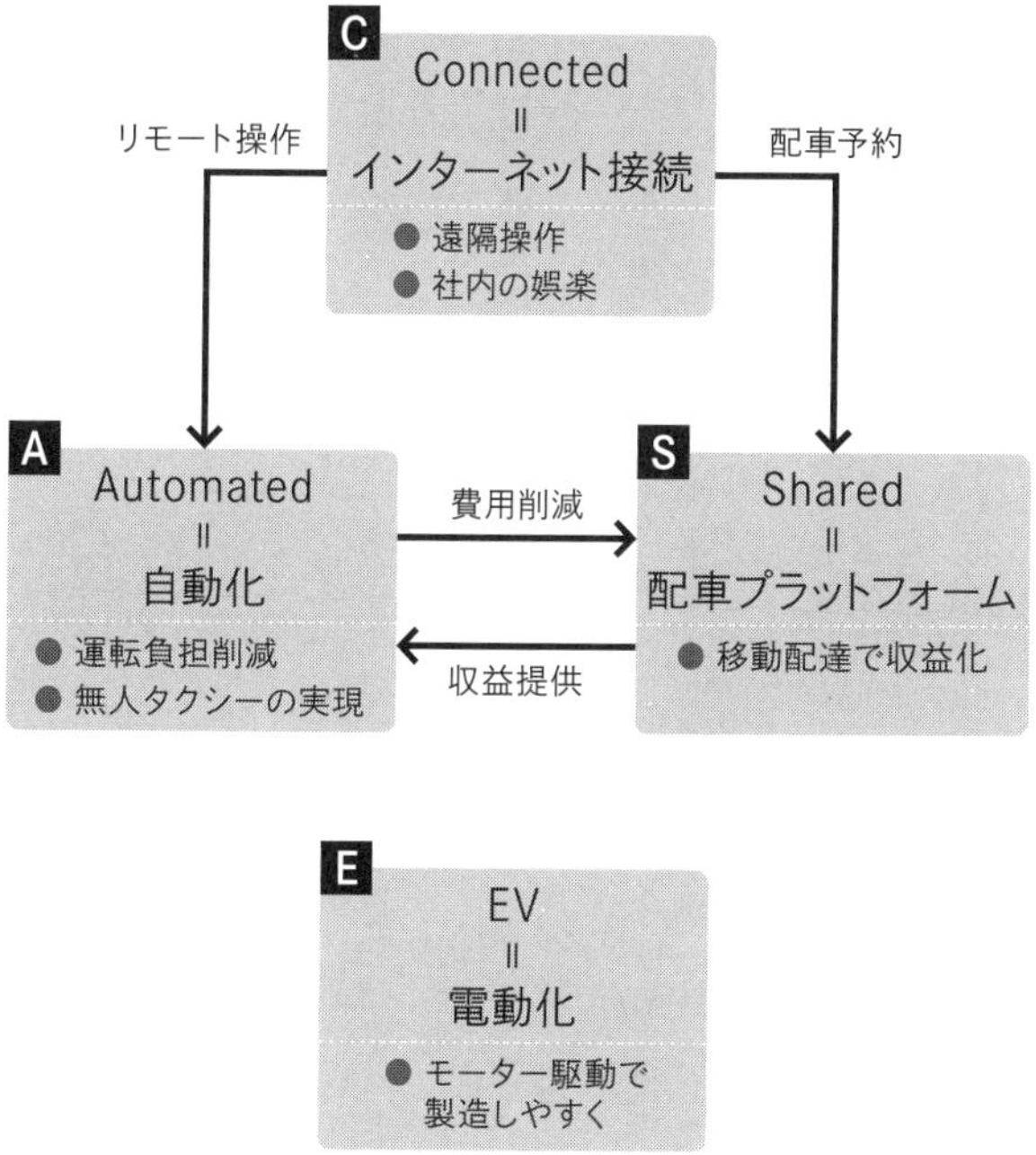

トフォームでしょう。これを確保すると、その利益を他に回すことができます。ただし自動運転技術は配車サービスのコストを格段に下げることができます。したがって配車プラットフォームは後発でも逆転できる可能性は十分にあります。また自動運転や配車サービスを実現するには、そもそもコネクテッド、つまりインターネット接続していなければできないでしょう。

以上の関係を考慮すると、自動車メーカーにとって優先順位はまず自動運転。次がシェアリングサービスで、さらにネットとの通信、電動化が続く形となるのでしょう。実際多くのメーカーが、自動運転技術の開発競争を繰り広げています。

自動車をはじめとするモビリティの世界は2020年以降に大きな転換期を迎えます。日本が世界に誇り、外貨獲得の一大産業であるこの業界が今後も主役でいるには、国内はもちろん国外のサービスもつぶさに調べて、世界の消費者の目線に合わせることが求められるでしょう。

3 ロボットアドバイザーってどのくらい賢いの？

「公的年金だけでは老後に約2000万円不足する」というニュースが2019年に流れました。これまで日本人は貯蓄性向が強く、あまり資金の運用に目を向けてきませんでした。これからは自己資金で運用するニーズは高まるでしょう。

あまり自力での運用に自信がない人に向けて売り出している商品の一つに「ロボットアドバイザー」とか「ロボアドバイザー」と呼ばれるものがあります。最近関心が高まっているようで、最大手の「ウェルスナビ」という個人資産運用サービスは、サービス開始から約4年、新型コロナウイルスの影響もあり申込件数が31万口座を超え、預かり資産は2600億円に達しているといいます。

しかし銀行や証券会社の店頭ではあまり話を聞きません。一体どういうものなのでしょうか。また本当にもうかるのでしょうか。ちょっと詳しく解説しましょう。

分散投資で、安全な運用を目指す

　ロボットアドバイザーは簡単にいうと「分散投資に基づく自動運用をしてくれるサービス」です。ポイントは「分散投資」です。

　自動運用というと、プログラムに基づいて複雑な計算をして、高速に売買を実行するイメージがありそうです。なんだか利益も大きそうですが、大損することもありそうです。これはロボットアドバイザーではありません。「アルゴリズム取引」と呼ばれるもので、リスクを許容する法人投資家向けのものです。ロボットアドバイザーはリスクを減らすために最適化されたものが大半です。

　ちなみに自動的に取引を執行するという点では「システムトレード」もあります。これは主に個人向けで、ある条件下で自動執行するものを指します。これもロボットアドバイザーとは違うものです。

　ロボットアドバイザーの原理は分散投資なのです。金融理論の中に、「ポートフォリオ理論」があります。同じぐらいのリスクの商品でも、互いにまったく傾向が違うものを組み合わせれば、期待される収益は高まるという理論です。「同じバスケットの中に全部の卵を入れると、一度落とすと割れてしまうが、違うバスケットに入れておけば１つ落としても全部は割れない」とよく表現されます。

理論的に収益率が高いと思われる金融商品の買い方には効率が重視されるものがあり、それを個人で売買するのは大変手間がかかります。第三者に任せるとしても、人間が介在するより機械に任せれば人件費を抑えられます。

ロボットアドバイザーは上場投資信託（ＥＴＦ）という、手数料の安い商品を組み合わせるのが一般的です。ＥＴＦ自体も分散投資効果はあるのですが、ロボットアドバイザーのように市況に合わせて頻繁にリバランス（銘柄を組み替える）しません。ロボットアドバイザーはＥＴＦを組み合わせることによって、分散効果と市況との調整を高めます。

このように、人をなるべく介さず、分散効果を増やし、手数料も安く済ませるのがロボットアドバイザーの原理です。

特にＡＩを利用して差別化するようなものではありません。むしろＡＩを前面に出して、収益が高いと宣伝するロボットアドバイザーは気をつけた方がよいでしょう。ハイリターンを目指すにはハイリスクを許容しなければならず、むしろアルゴリズム取引の一種と考えるべきです。

また複数の企業に投資するという点で「テーマ投資」とも混同しやすいですが、これは金融商品の選択を簡単にしてくれるだけのものです。例えば「電気自動車」というテーマであれば、電動モーターの会社や充電池の製造会社の株を選ぶというものです。一般的なロボットアドバイザーが目指すリスク分散とはコンセプトが異なります（図表24）。

投資を増やして、日本経済を活性化

ロボットアドバイザーは手数料が1％程度なので、手数料が2〜3％以上の投資信託よりも安く設定されています。このため手数料収入が少なく、銀行や証券会社の店頭では勧誘する対象とはならないでしょう。

ロボットアドバイザーは決して魔法のつえのようにもうかるものではありません。しかし特に投資の初心者にとって、何かの個別株を買うよりもずっと安全ですし、手数料が高い割に収益を生まない可能性がある投資信託より魅力的ではあります。

特に日本在住の方は日本の企業の株式や債券に投資先が偏る傾向があります。これをホームバイアスといいます。自分の知っている企業に投資をすれば、知っている安心感があるのですが、日本企業ばかりだとそこに相関が生まれやすくなります。世界にはもっと

図表24

ロボットアドバイザーは自動運用の一種だが、
基本は分散投資に基づく安全な資産運用方法といえる

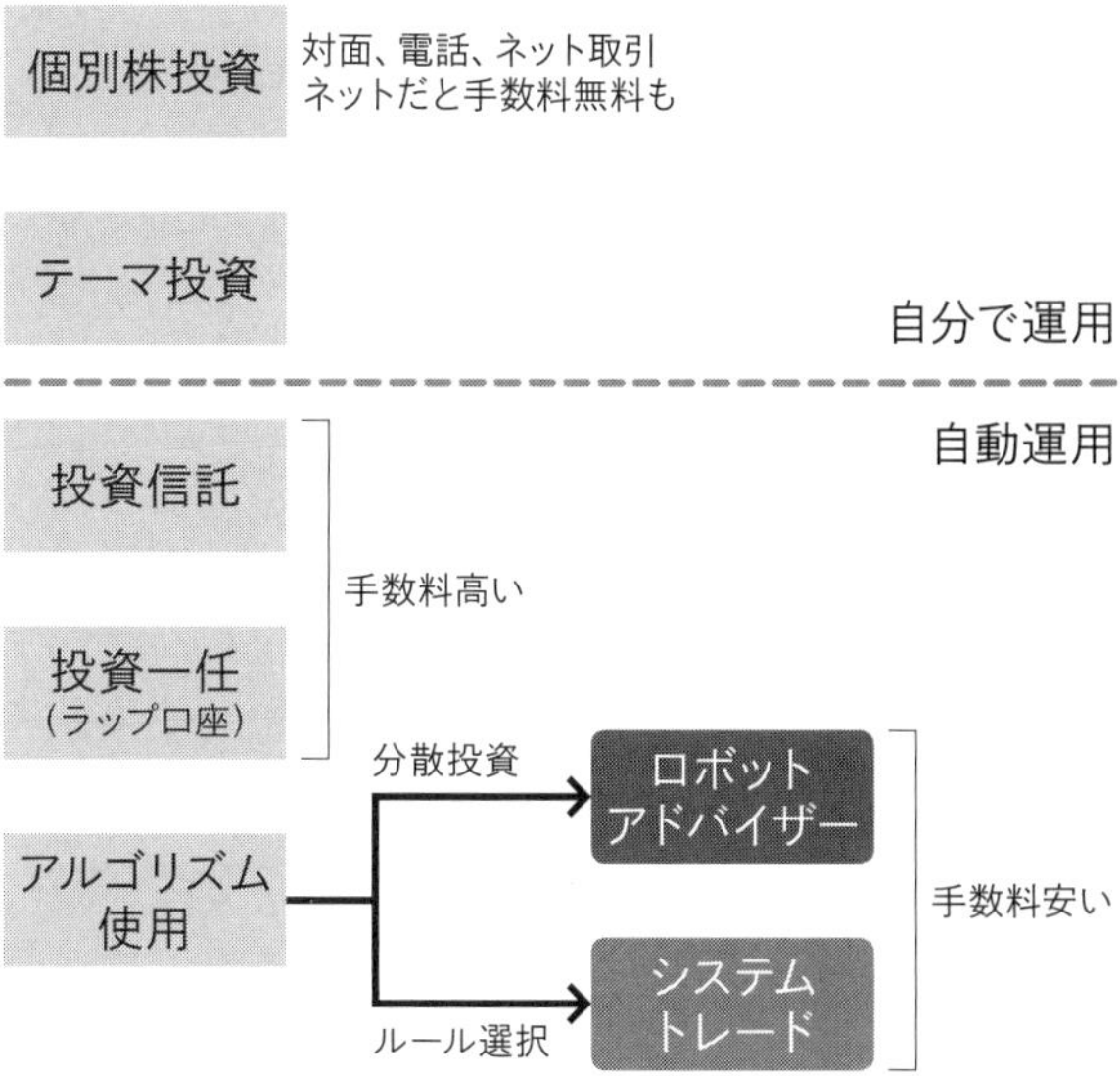

期待収益が高く、日本企業の収益とは相関関係が弱い企業や金融商品があるので、それらを組み合わせた方が、良い組み合わせ（ポートフォリオ）ができるのです。

日本は投資に回すお金は2割以下で、米国の約5割に比べても少なすぎるため、せっかく現金があっても企業の成長につながりません。今の低金利が続くのは、社会の中でお金が流れていないことに起因しています。ノーベル賞経済学者のポール・クルーグマン博士はこれを「流動性のわな」と名付けました。

もちろんお金を借りようとする企業の意欲も原因の一つですが、銀行の預金があまりに多く、企業に直接投資をするお金が少なすぎることも原因なのです。意欲が低ければ銀行の預金は国債の購入に使われます。直接投資が増えれば企業も意欲を増してお金を借りようとします。つまり鶏と卵の関係なので、どちらかを先に作ればよいのです。

日本の金融家計資産は約1800兆円あるといわれています、これが少しでも投資に回ると日本経済は活性化するのです。筆者が創業間もない頃に会ったウェルスナビ創業者の柴山和久氏は財務省出身でもあり、日本経済に対する課題意識が強く、その解決策の一つとして起業しています。

日本人は投資に保守的です。手数料目当ての営業担当者に勧められるまま株を購入して損をした経験が響いているのではないでしょうか。きちんと仕組みを理解して、受け身ではなく自主的に安心して投資することが当たり前の社会になり、少しでも日本経済が活性化することを望みます。

4 ＥＳＧ投資って何？

持続的に成長し、長期的な利益を生み出す

毎年６月は３月期決算の企業にとっては株主総会の季節ですが、２０２０年は新型コロナウイルスの感染拡大や、米国での白人警官による黒人の暴行死に対する抗議デモなど、社会の持続可能性（サステナビリティ）について改めて考えさせられる話題が増えています。

最近、米アップルと米グーグルが新型コロナ感染者との濃厚接触の可能性を検出する技

術を共同で開発しました。これは公益のための技術開発といえます。

また、米ツイッターはドナルド・トランプ大統領の投稿に対して、誤情報の可能性を示すラベルを付けたり、暴力を賛美していると非表示にしたりしています。これに立腹したトランプ大統領は、ＳＮＳの規制に乗り出しました。同社は、たとえ大統領が相手であっても公益性を優先すべきだと考えているのでしょう。

逆に同じＳＮＳの米フェイスブックは当初、投稿規制をしなかったため、従業員や研究者から抗議があり、ＣＥＯが謝罪する事態になりました。

このように、現在の企業は短期的な利益を追求するだけでなく、社会の持続に寄与する公益性も求められています。それが長期的には企業自身のプラスにもなります。

こうした公益性を重視する企業に投資するのが「ＥＳＧ投資」です。Ｅは環境（Environment）、Ｓは社会（Social）、Ｇは企業統治（Governance）を意味します。これらは、企業が社会に対して負っている責任ともいえます。ＥＳＧ投資では、企業がこうした社会的な責任に配慮しているかどうかを投資の判断材料にします。

通常の投資では、売上高や利益といった財務指標を重視します。しかし、財務指標で表せる企業の状態には限界があります。そこでＥＳＧ投資では、社会的な責任を果たそうとする企業を「持続的に成長して長期的な利益を生み出す」と考えて投資します。これにより、短期的には業績が良くても持続可能性が乏しい企業を投資対象から排除できます。

二酸化炭素削減に取り組むIT企業

環境と聞くと、計画的伐採や植林で社会に貢献しようとする林業などを思い浮かべる人が多いでしょう。しかし最近は、環境分野でもＩＴ企業の存在感が増しています。

例えば米マイクロソフトは２０２０年1月中旬、「２０３０年までにカーボンネガティブを達成する」と宣言しました。カーボンネガティブは二酸化炭素の吸収量が排出量を上回ることを意味します。さらに、「１９７５年の創業以来、企業活動を通して排出してきたすべての二酸化炭素を２０５０年までに環境から除去する」と発表しました。

同時に、環境問題に取り組む新しいテクノロジーに投資する基金「Climate Innovation Fund」を設立しました。今後4年で１０００億円強を拠出予定です。

また、米アマゾン・ドット・コム最高経営責任者（ＣＥＯ）のジェフ・ベゾス氏は同年2月、気候変動問題に向け、私財の約1割に当たる1兆円規模のファンド「Bezos Earth Fund」を設立しました。

ＩＴ業界と環境はもはや切っても切れない関係になりつつあります。二酸化炭素の排出とはそれほど関係なさそうに見えるＩＴ企業が、ここまで環境に取り組む理由は何でしょうか。

一つは巨大なデータセンターが電力を大量に消費しているということです。グーグルやアマゾンが持つデータセンターの消費電力は、一国の消費量に匹敵するといわれています。企業は消費電力の削減にも取り組んでいます。例えばグーグルは、ＡＩで電力の使い方を最適化し、冷却のために使う電力を約４割削減することに成功したと発表しています。

もう一つは「コーポレート・シティズンシップ」が普及してきたことです。これは「企業は利益を追求する前に社会を構成する市民であり、社会に対する責任がある」とする考え方です。ＣＳＲ（Corporate Social Responsibility：企業の社会的責任）とほぼ同義だと考えていいでしょう。

トップクラスのＩＴ企業は時価総額が１００兆円規模になっています。こうなると、社会への影響は無視できません。政府との対話が重要になりますし、場合によっては規制の対象になることもあります。ですから、環境問題にも本気で取り組んでいるのです。

米国が株主第一主義から変化

　顧客の資産を預かって運用する機関投資家の考え方も変わってきました。これまでは利益重視の考え方が主流でしたが、社会への影響を考えたうえで投資先を選定するケースが増えています。

　例えば、世界有数の資産運用会社である米ブラックロックの運用資産残高は７００兆円弱にも及びます。この規模になると社会への影響は大きく、「社会をどう持続可能（サステナブル）にするか」という義務が生まれます。このため同社は、環境問題への取り組みが不十分だと考えられる企業の提案には株主として反対すると表明しています。

　日本でも、約１６０兆円を運用する年金積立金管理運用独立行政法人（ＧＰＩＦ）がＥＳＧの考え方を投資に組み込んでいます。ＧＰＩＦは、国連がＥＳＧ投資を推進するために提唱した国連責任投資原則（ＰＲＩ：Principles for Responsible Investment）に署名しています。

　また、米国の経営者団体であるビジネス・ラウンドテーブルは２０１９年、「株主第一主義を見直し、従業員や地域社会を考慮した経済活動を重視する」と宣言し、驚きをもって受け止められました。米国は日本に比べて株主重視といわれていたからです。

環境問題をはじめとする企業の社会に対する取り組みは、もはやPR効果を狙うものではなく、世界規模のマーケットで投資家から投資を受けるには必須のものになっています。日本でも、東京証券取引所の売買代金の半分以上を外国人投資家が占める以上、影響は避けられません。

言葉は変わっても本質は変わらない

ここで、ESG投資と共によく使われる「CSV」と「SDGs」の2つの用語の意味を整理しておきましょう。

CSVはCreating Shared Value（共有価値の創造）の略で、米ハーバード大学教授のマイケル・ポーター氏が2006年に提唱しました。企業と社会の両方に対して同時に価値を生み出すという考え方です。ESG投資の流れの中で、企業の参考になる概念といえます。

SDGsはSustainable Development Goals（持続可能な開発目標）の略です。2015年の国連サミットで採択されました。貧困問題、エネルギー、気候変動、海洋環境、内陸環境、格差問題など17の分野で２０３０年までの具体的な目標を示しています。ＳＤＧｓは日本ではまだそれほど浸透しておらず、さらなる啓発が必要な段階です。

多くの用語が飛び交っており、混乱するかもしれません。ＥＳＧ投資は20年後には異なる名前で呼ばれている可能性もあります。例えばテクノロジー業界では、「ユビキタス」に代わって「ＩｏＴ」、「情報革命」に代わって「ＤＸ」という言葉が使われるようになりました。関心を集め続けるために、少しだけ概念を変えた用語が出てくることはあります。

しかし、企業が社会の問題にどう関わっていくかという本質的な考え方は変わりません。これからもさらに問われ続けていくでしょう。

米国ではＩＴ分野以外でも多くの企業が環境問題に取り組んでいます。例えば前述の米インポッシブル・フーズは、植物由来の人工肉で二酸化炭素排出を削減する取り組みを行っています。また、米テスラは電気自動車だけでなく、太陽光発電の電力を貯められる家庭用蓄電池「パワーウォール」を提供しており、日本でも販売を始めました。

現在は新型コロナをはじめ多くの社会問題が世界中で重なって起こっています。米国などで問題になっている人種差別は、日本では想像が難しい人がいるかもしれませんが、将来的には日本も無縁ではいられません。

新型コロナに対しては、仏モエ・ヘネシー・ルイ・ヴィトン（ＬＶＭＨ）は香水工場で消毒液を製造し、シャープはマスクを生産しています。有事の際の柔軟な発想と対応からは、企業の公益性への姿勢がうかがえます。

日本からもこうした社会問題に取り組む企業がより増えることが期待されています。そのためには、社会に対して何ができるかを経営陣だけではなくすべての社員が考えなければなりません。

米最大のVC、セコイア・キャピタルのウェブサイト

第6章
日本だけ見ていても必要な情報は入らない

誤解　テレワーク、リモート時代なんだから、ネットで海外情報を集めればいいよね？

ここまで述べてきた通り、日本にいてウェブサイトを見ているだけでは最新の情報を得ることはできません。コロナ禍で海外に出る機会も減り、リモートでの情報収集に偏りがちですが、それではやはり世界の競合にキャッチアップすることは難しいでしょう。現状では、ネットに出てくる情報量はリアルの情報量の1％もないでしょう、しかも、重要な情報ほどネットに出すメリットはほぼないのです。

情報を得るためには「信頼できる」関係を築くことが最も重要です。世界最先端のシリコンバレー、そして中国、インドなどのＩＴ大国にネットワークを築くことが欠かせないのです。

1 IPOが成功、好調なテック企業の秘密は？

急成長企業に共通のビジネスモデル

２０１９年、ライドシェアの米ウーバー・テクノロジーズをはじめとした、大型のテクノロジー企業が米国で相次ぎ上場しました（上場後、ウーバーの株価は新型コロナの影響を受けました）。ウーバーは上場前から日本でも有名でしたが、上場時点では必ずしも日本での知名度が高くないテクノロジー企業が頑張っています。その背景にあるものを探っていきましょう。

具体的には２０１９年6月に上場した米Slack（スラック）と4月に上場した米Zoom Video Communications（ズーム）です。両社は比較的堅調な収益を維持しており、上場後に公募価格よりも高く急伸しました。時価総額はスラックが約2兆円、ズームは新型コロナウイルスの影響もあり、1年前から8倍以上の約15兆円にもなり、大手航空会社上位

7社の合計やＩＢＭを超えるという劇的な成長を遂げました。

日本でもＳａｎｓａｎという名刺管理サービスの会社が約１６００億円の時価総額で２０１９年6月に上場しました。これら好調な企業には①企業向けである、②クラウドでサービスを提供する、という共通のビジネスモデルがあります。

まず、企業向けのサービスは「Ｂ２Ｂ（Business to Business）」とも呼ばれます。個人向けの「Ｂ２Ｃ（Business to Consumer）」に比べ、顧客を1社獲得するまでに労力はかかります。しかし一度契約をすれば売り上げは大きく、個人に比べて解約率は低い傾向があります。そのため、不況に強いビジネスといわれています。

クラウドでサービスを提供するのは、一般に「ＳａａＳ（Software as a Service）」とも呼ばれています。それまで企業システムを構築するには､例えば「オラクル」や「ＳＡＰ」のようなソフトウェア製品を購入して、社内に用意したコンピュータにインストールして使うしかありませんでした。

ＳａａＳではこうしたソフトウェアの機能をクラウドで提供します。わかりやすく個人向けのＳａａＳを例に挙げると、米グーグルのメールサービス「Ｇｍａｉｌ」です。それまではパソコンでメールを受信するのに米マイクロソフトの「アウトルック」などをインストールして使っていたはずです。それがオンラインでインストール不要なまま使えるようになるわけです。おかげで、インターネット上で常に最新の状態で使えるようになったのです。

以前はよく安全性を心配する声もありましたが、クラウドサービスは大半の自社サーバーよりも堅牢なことが多いです。セキュリティを確保するため、自前でハッカーを雇って攻撃させて問題点を見つけたり、セキュリティの不備の報告に懸賞金を出したりするなど、常に最新の対策を講じているためです。

ちなみにＳａａＳという言葉は２０００年代半ばごろから使われています。最近ではさまざまなものが「サービス化」するため、似たような言葉が多数登場しています。例えば自動車を含む移動手段がサービス化した「ＭａａＳ（Mobility as a Service）」という言葉があります。これもクラウドは活用していますが、それよりもスマホの位置情報システム（ＧＰＳ）やチャット機能を活用して、移動をより手軽に扱えるようにすることを意味しています。ちょっと性質が異なることに注意してください。

とっかかりのハードルを下げる

ＳａａＳの特徴は、試用のハードルが非常に低いことです。インストールする必要があったソフトと違って、インターネットを介して気軽にサービスを利用できます。またＳａａＳはたいていの場合、「フリーミアムモデル」を採用しています。フリーミアムとは機能や利用期間に制限を加える代わりに、無料で使えるようにすることを意味しています。これらによりＳａａＳで提供されるサービスを「試す」ことのハードルは非常に低くなります（図表25）。

図表25
SaaSビジネスは大きく
4つの要素から成り立っている

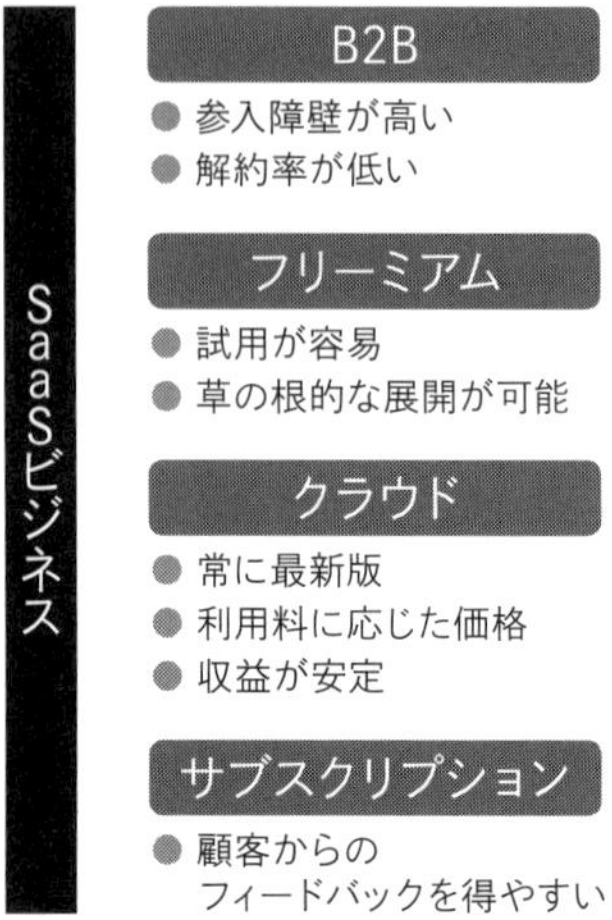

現場の社員がサービスを試してみて、その使い心地が良ければＩＴ部門の管理者に導入を推薦できるわけです。もちろん機密情報を扱う業務で試用はできませんが。

なかでも冒頭に登場したスラック

は、若い人が真っ先に飛びついたサービスです。部門の社員が先行して使っていて、IT部門として正式に全社導入を決めたときにはすでに半数以上の社員が使っていたなどというエピソードがあるぐらいです。

また、SaaSは基本的に定額課金制（サブスクリプション）であることが多いため、収益が安定します。クラウドサービスなので顧客の使い方がわかり、サービスの改善に活用できます。このような要素が重なって、SaaSのビジネスは強固なものになっているのです。

2種類のSaaS

SaaSには「エンタープライズSaaS」と「インダストリークラウド」という分類があります。前者はビジネス向けに展開する水平的なサービス（Horizontal SaaS ともいいます）、後者は特定業界向けに統合的に展開する垂直型のサービス（Vertical SaaS ともいいます）です。例えば冒頭の3社はエンタープライズSaaSです。

インダストリークラウドの例では、カナダのショッピファイが提供するEC（電子商取引）サイトを手軽に構築できるサービス「Shopify」があります。ちなみにショッピファイは米小売最大手のウォルマートとの提携を発表したこともあり、時価総額は2020年7月には約12兆円と、1年前から4倍近くに達しています。

SaaSを提供する企業は法人が顧客であるため、創業者の年齢が比較的高く経験豊富な傾向があります。スラックやズームの社長は40代です。個人向けのSaaSより参入障壁は高いといえます。

その意味ではインダストリークラウドはさらに参入ハードルが高くなります。対象とする業界の企業にとって使い勝手が良いサービスに仕立てる必要があるので、創業者にはその業界の経験が求められるわけです。

スラックやズームは、決して新規マーケットを開拓したわけではありません。競合するサービスや製品は数多くありました。それでも成功したのは、使い勝手が良かったからです。スラックであれば、グーグルの「グーグルドライブ」や「ツイッター」など可能な限り多くのサービスと連携できるプラットフォームを目指したことがエンジニアに好評で、後発ながらもシェアを伸ばしました。

ズームも米マイクロソフトの「スカイプ」など並みいる強豪を押しのけたのは便利だったからです。アプリをインストールしていなくてもいいことや、動作環境を問わなかったこと。パソコンに限らず米アップルの「Ｍａｃ」や「ｉＰｈｏｎｅ」、各種アンドロイド搭載スマホなど、利用する環境に関係なく簡単にビデオ通話ができるという使い勝手の良さから利用者を拡大しました。

細やかなサービスや使い勝手の良いサービスは「おもてなし」精神のある日本が得意とするところのはずです。しかし現状ではあまりそうなっているようには思えないところが残念です。利用者の生活や、企業における働き方は常に変化しています。そうした変化に機敏に対応したサービスは後発でも受け入れられ、変化に対応できないものはシェアを失う。自然淘汰の現象がこのＳａａＳのビジネスで起こっています。

2 なぜCESで自動車が目立ったの？

２０２０年１月に米ラスベガス市で開催されたデジタル技術見本市「ＣＥＳ」の発表の中でも、ソニーのコンセプトカー「ビジョンＳ」と、トヨタ自動車のスマートシティ構想

「Woven City（ウーブン・シティ）」は驚きをもって受け入れられました。ソニーがクルマを作るという意外さと、トヨタ自動車の街を一つつくり出してしまうという大きな構想には驚かされました。しかし自動車関連であれば、世界3大自動車ショーの一つ、「北米国際自動車ショー」（通称デトロイトモーターショー）も同じ1月に開催されます。なぜCESの場で発表したのでしょう。

そもそもCESは「Consumer Electronics Show」という家電見本市でした。しかしエレクトロニクス製品がシンプルな「家電」の枠に収まり切らなくなってきました。2015年には独ダイムラーをはじめとする自動車メーカーが自動運転機能を備えたコンセプトカーを展示し話題になりました。

また家庭のスマート化もあります。2014年に米アマゾン・ドット・コムが発売したスマートスピーカー「エコー」の音声認識や応答の技術「アレクサ」は他社にも供給され、急速に家電のスマート化が進みました。その裏方に徹していたアマゾンや、米グーグルも2018年から自社ブースを出展し始めました。もはや家電だけのイベントではなくなり、同年からは正式名称が「CES」に変わりました。

製品展示ではなく、ビジョンを語る場へ

展示の内容も単なる製品展示から、企業のビジョンを語る方向にシフトしています。「うちの会社はこういったビジョンがあって、そのうえでこういう製品やサービスを考えているのです」と訴えかけているわけです。かつてのままの展示も見受けられますが、せっかく良い商品だったとしても、これでは未来への期待感が半減してしまいます。

このためＣＥＳは世界のマーケットとの向き合い方を示す場所にもなります。例えば２０１８年にはトヨタ社長の豊田章男氏が登壇し、自動運転のコンセプトカー「ｅパレット」と経営理念を発表。自動車製造会社からサービス会社に変化すると宣言したことで話題になりました。デトロイト・モーターショーではなく、ＣＥＳを発表の場に選んだのは業界を超える姿勢を表現する狙いがあったのではないでしょうか。

ＣＥＳで発表するメリットはほかにもあります。一つは、海外のメディアに取り上げられやすいのです。日本と違い海外は１月から年度が始まります。例年１月初旬に開催されるので、年度最初に新規性をアピールするには非常に良いイベントです。半面、ＣＥＳは注目イベントなので、扱いは他社との競争になります。

米アップルやグーグルのように、自社で年次イベントを開催して十分取り上げられたり、テスラのように全世界のメディアに注目されたりしていれば、この時期に発表する必要はありません。

業種を超えたイベントが少ない点も理由でしょう。アップルが製造業からサービスへとかじを切っているように、既存の枠組みにとらわれたビジネスは時代遅れになりつつあります。家電や自動車そのものを切り口とするのは意味をなくしつつあります。

トヨタがスマートシティについて発表するにあたり、そのテーマに着目する海外のメディアが多く集まるイベントはCESのほかにはなかなか存在しません。またスマートシティは実現にあたり、多くのパートナーと協力する必要があります。一番多くのパートナーが集まる場所としてCESで発表したのでしょう。

トヨタがスマートシティを語ったわけ

ここでもう一度トヨタの構想にも触れておきましょう。静岡の自社工場跡地に街をつくるのですが、大事な要素は車道と歩道の分離でしょう。現在の自動運転の一つの障害は予測困難な自転車や歩行者との接触です。すでに高速道路であれば、条件付きで運転を自動化するレベル3の自動運転は実現可能です。このレベルの自動運転を街に組み込み、街全体で自動運転できるようにする試みと考えられます。つまり「車を既存の街に合わせるのではなく、街を車に合わせよう」という逆転の発想です。

ただし懸念される点もあります。スマートシティで一番重要な要素は情報のやり取りです。それを実現するソフトをどこかのパートナーに外注することになりそうです。ここを外注してしまうと、パソコンのウィンドウズに相当する部分を他社に渡してしまうことになり、利益の大半を取られる可能性があります。

韓国サムスン電子やアマゾンなど、スマートホーム向けのソフトからスマートシティへ発展させようと考える企業もあります。中国アリババ集団は杭州市などで実証実験を実施しており、競争はなかなか大変そうです。

都市のライフサイクルは長いため、ビジネス上の優位性は何十年も続きます。CESでの発表は、世界中のパートナー候補の企業へアプローチする手段として最適だったと思います。

ソニーのビジョンSは高性能のカメラセンサーや優れた音響/映像技術を武器に、車の安全、エンタメの基本ソフト(OS)に挑戦しようというアプローチです。

前述のようにCESではビジョンを示すのは大変重要です。しかし大きすぎるビジョンは逆効果になる場合があります。例えば、自動運転を見越したコンセプトカーは2010年代に非常に増えました。しかしいつまでたってもコンセプトカーから抜け出せず、来場者の厳しい目からは見放されてしまいました。

その点ビジョンSは2020年内に公道での実験走行が可能という点で新鮮に受け止められました。それでも試作車にとどめているのは既存の自動車メーカーへの配慮でしょう。CESは壮大なビジョンだけでなく、着実に前進する現実的な実行力のバランスが求められる場所でもあります。

「差分」を見ると企業動向がわかる

CESで大事なのは、出展していない主要企業や1年前との差です。参加していない主要企業はアップルやマイクロソフト、米ネットフリックスが挙げられます。

アップルはプライバシーに関するトークセッションに登壇して話題になりました。同社は音楽プレイヤーの「iPod」をはじめ、ホームエンターテインメントやカーエンターテインメントで存在感はあったのですが、この30年ほど出展していません。自社の年次イベントを重視しているのでしょう。

ただ昨今のスマートホーム競争の中でアップルは劣勢になりつつあります。2019年はCES会場の近くに「iPhoneで起きたことはiPhoneのなかにとどまる」という広告を掲示し、CESが気になってはいるようです。

マイクロソフトは2012年までは基調講演を担当し、展示も出していました。しかしスマートホームデバイスで出遅れたためか、近年は例年2月にスペイン・バルセロナ市で開催される携帯電話見本市MWCに力を入れています。

ネットフリックスは2016年に130カ国の国際展開を基調講演で発表したぐらいで、CESにはあまり興味がないことがわかります。

前年との差分を見ると昨今の動きがわかります。例えば中国・華為技術（ファーウェイ）など中国企業は米中貿易摩擦の影響から、CESでの展示はほとんど取りやめています。これらの企業も目指すはMWCです。

いなくなった例としては、日本のセブン・ドリーマーズ・ラボラトリーズがあるでしょう。2018年に衣類を折り畳むロボット「ランドロイド」を大きなブースで展示していましたが、開発に行き詰まり翌年にはブース出展はありませんでした。2019年4月に自己破産をしたので、それどころではなかったのでしょう。

代わりに衣類を折り畳むロボットを米フォルディメイトが10万円ほどの価格で出展していました。その分野のテクノロジー・ビジネスの栄枯盛衰を感じることができます。もっともこの企業も2012年にコンセプト出展してから、2019年にようやく稼働モデルの出展にこぎつけた状況です。やはりなかなか難しいものがあるのでしょう。

日本製電化製品の質は確かに素晴らしいものがあります。しかし世界に打って出るにはそれだけでは足りません。全世界の消費者に向けて、どのような世界をつくりたいかをメッセージとして発信し、そのメッセージを市場に浸透させることも同じように重要なのです。

3 深圳とシリコンバレー、いま注目すべきはどっち?

ソニー創業者の盛田昭夫氏は、携帯音楽プレイヤー「ウォークマン」発売10周年を記念して撮影されたビデオで「新しい技術でなくても、持っている技術をどう使うのか、どういう製品にどういう形に具体化するかという知恵があれば、ウォークマンのような素晴らしい一つの産業ができることを実証した」と語っています。このビデオ、2019年がウォークマン発売40周年ということもあり、見られた人もいるでしょう。この言葉が当てはまる場所が中国の深圳です。

たまに深圳は「中国のシリコンバレー」と呼ばれます。しかし私は、あまり正しい表現だとは思いません。半導体やソフトウェアなど新しい技術が次々に出てくるシリコンバレーと違い、深圳は流行に敏感な若者が集まり、現在ある技術を組み合わせて新たなイノベーションを引き起こす巨大な実験都市になりつつあります。米中貿易戦争が繰り広げられていますが、世界のイノベーションを牽引するシリコンバレーと深圳の違いや、付き合い方について解説できればと思います。

何もない土地からスタート

シリコンバレーはご存じの通り、何もない農地から始まりました。ゴールドラッシュに乗ってカリフォルニアにやってきて成功したリーランド・スタンフォード氏が15歳の若さで亡くなった息子のために、スタンフォード大学を1885年に設立。そのスタンフォード大学のフレデリック・ターマン教授がウィリアム・ヒューレット氏とデビッド・パッカード氏のヒューレット・パッカード社の創業を支援したことが「シリコンバレーの始まり」といわれています。またトランジスタを発明したウィリアム・ショックレー氏が「ショックレー半導体研究所」を設立。そこから独立した8人の研究者が1957年に半導体メーカーのフェアチャイルドセミコンダクターを創業。この頃からシリコンバレーは飛躍的にその地位を高め、世界中の頭脳を集める場所となりました。今や、米国で成功しているユニコーン企業（未上場で時価総額約1000億円以上）の経営者の約半数は移民で占められているほどです。

一方、深圳も何もない土地から始まりました。約40年前の1980年に経済特区となってから国策で発展したのです。2000年代半ばごろには「山寨機《さんさいき》」と呼ばれる携帯電話の模倣品が多く売られる怪しい街という印象もありましたが、2009年ごろにはスマートフォンの部品を扱うことで急速に発展しました。国内外の優秀な若者はそこに吸い寄せられています。スタンフォード大学を卒業したあと、深圳で起業する人も出てきました。

瞬く間にインフラは整備され、香港から高速鉄道で15分ほどの距離になりました。今や東京証券取引所の時価総額を抜いた香港証券取引所を持つ香港と、ものづくりの深圳が15

図表26
シリコンバレーと深圳はいずれも移民中心で、
気候が温暖であり、工場が中心的な役割を果たしている。
シリコンバレーは大学が近くにあることが競争力の源泉だが、
深圳は若い柔軟な発想がカギを握る

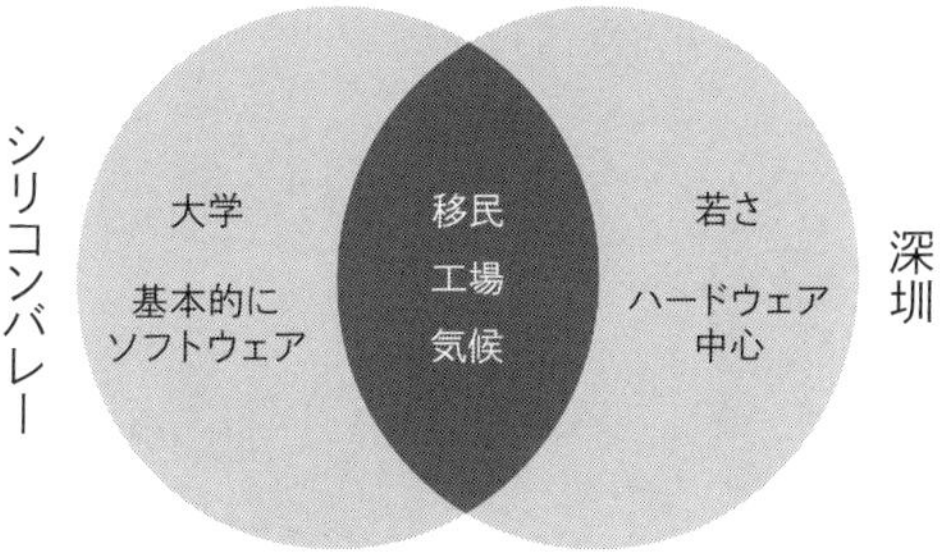

分でつながっていることは、米国のニューヨークとシリコンバレーがつながることに匹敵するほどの衝撃です。

しかしながら、中国の優秀な大学生はやはり清華大学や北京大学にいますし、大学を中心としたシリコンバレーとは文化が異なります。サイエンスと実社会に使えるテクノロジーには大きな隔たりがあるので、優秀な若者が集まる仕組みさえあれば大学が近くにある必要性は特にないのかもしれません（図表26）。

スマホを中心に発達した若い都市

シリコンバレーが半導体を中心に発達した地域だとすれば、深圳はスマホを中心に発達した地域です。日本でいえばアニメのカルチャーを除いた秋葉原といった感じでしょうか。スマホに必要な部品が安く、大量に手に入ります。何かハードウェアのスタートアップを始めるには最高の実験場です。

実際深圳に本拠を置くのは華為技術（ファーウェイ）や中興通訊（ZTE）などのスマホメーカーや、電気自動車や充電池の比亜迪（BYD）、ドローン大手のDJIなどハードウェアの会社が多いです。ゲームやチャットアプリ「ウィーチャット（WeChat）」を運営する騰訊控股（テンセント）も本社を置き、「996」（午前9時から午後9時まで週6日勤務）という猛烈な労働精神で新しいサービスを開発しています。

ややもすると単に工場が集まっているだけに見えるかもしれません。しかし、驚くべきは人口動態です。20代や30代の若者がほとんどで、平均年齢は約32歳です。この層は新しいサービスを使うのに全く抵抗がないため、新しいデバイスやサービスの実験がしやすいのです。

逆に50代や60代の人はほとんどいません。この都市は働く場所であって、老後を過ごす場所ではないので、変化に対応しやすい都市となっているのでしょう。国家として、産業政策を振興しているからできることでもあります。

したがって深圳には最先端のテクノロジーを求めるより、中国の巨大な生産能力と新しいテクノロジーを受け入れる土壌を活用することを考えるべきでしょう。また国家の政策を背景にしているから成立している面があるので、深圳的なビジネスを他の国で応用できるとは限らない点も理解しておく必要がありそうです。

日本も自動車やゲーム機など、ゼロから１を作るより、すでにあるテクノロジーを組み合わせることが得意な国です。それがウォークマンのような世界的なヒット商品を生み出して外貨を稼ぎ、経済成長を果たしてきました。シリコンバレーはもちろん大事ですが、彼らが一番注目する深圳から学ぶことも日本には多いはずです。

4 日本にスタートアップを育てる環境はあるの？

「スタートアップのエコシステム」「ベンチャー企業のエコシステム」などの言葉を聞くことがあると思います。よく「シリコンバレーにはスタートアップのエコシステムが発達している」とか、「日本にもシリコンバレー式のエコシステムを作らなければ」などの話が出てきます。このエコシステムとはいったいどんなものでしょうか。なぜシリコンバレーにはあって、他ではそこまでできていないのでしょうか。

エコシステムを日本語に訳すと「生態系」になります。生態系の中でベンチャー企業がどのような生を営んでいるかは、ベンチャー企業に関わったことがないとちょっと想像しづらいでしょう。ここでは起業家や大学、エンジェル投資家、ベンチャーキャピタル、大企業などいろいろな参加者それぞれの視点から米国の事情を見てみましょう。

起業家の視点から見たエコシステム

まずは起業家を中心に見てみましょう。米国在住で法人向けの人事アプリケーションサービスの有望なアイデアがあったとしましょう。まずはある程度そのアイデアを形にする必要があります。自分でプロトタイプを作ればよいのですが、当人が開発できない場合は、友人のエンジニアにアイデアを披露し、食事をおごるなりして、簡単なプロトタイプを作って試すでしょう。

うまくいきそうであれば資金集めの開始です。例えばエンジェル投資家を説得して資金を出してもらい、次に起業家精神のあるエンジニアを雇います。そのエンジニアと共に開発を続け、完成のめどが立ったら今度はサービスを売りに行きます。

ある程度売れそうであれば、ベンチャーキャピタルから高額の出資を受けられるようになります。販売担当者を雇い、紹介などを通じて顧客になりそうな企業に話をしに行きます。この時に単なるベンダーではなく、対等な立場で技術を売ることができれば売り上げは急速に伸びていきます。

大企業はベンチャー企業と取引するのに不安を感じます。一方でこうした企業との付き合い方として、単に製品を購入するのではなく出資しておくと業界のこれからのトレンドを把握できます。急成長した暁に利益が得られます。

実際のところほとんどのベンチャー企業はこの段階で十分な売り上げを確保できず、会社を閉じるかどこかに安値で買ってもらうかといった選択を迫られます。出資は減損になり、ベンチャーで働いていた人は多くの場合どこかで働き口を探す必要があります。

かなり少ない確率ですが無事売り上げが順調に伸びれば上場でき、ベンチャーキャピタルは資金を回収できます。出資した企業も利益を上げることができます。創業メンバーは億万長者になり、出身大学に寄付したり自らもエンジェル投資家としてベンチャー育成を手がけたりします。

育成側から見たエコシステム

今度は別の参加者の視点にたってみましょう。エンジェル投資家はすでにある程度余裕資金があり、損得よりも起業家を支援したいという気持ちから投資をする人です。その心から「エンジェル」と呼ばれるわけです。

ただ気をつけるべき点もあります。一般にエンジェル投資家は金融に詳しくなく、悪意なく少額の資金で株のシェアを51％以上取得してしまって後々トラブルになることがあります。逆にエンジェルを装って金融知識のない起業家を騙して、株式を多く取得するケースも散見されます。

次に登場するのがベンチャーキャピタルです。ベンチャーキャピタルは一般にファンド（投資信託）を形成して出資を募ります。出資者には利益を戻さなければなりません。したがって損得も考えたうえでベンチャーに投資します。

もともとベンチャー投資は１０００社のなかから目利きをして１００社に投資しても、大きく成功するのは5社程度といわれています。確率が低い半面、１００倍以上の収益が得られる「ホームラン」が出ることもあります。ホームランが1社出れば、それだけで他の99社が失敗しても利益が出る仕組みです。一度投資をすると、上場か事業売却するまでは株は売却できませんので、起業家を応援するインセンティブが働きます。

似たような立ち位置の企業としてコーポレートベンチャーキャピタルがあります。こちらの場合、元の企業の事業と提携できるなど、何らかの事業上のシナジーがあればいいので、少し損益の基準は緩くなります。

このエコシステムには、競合はしないけれど似たようなことを手がけている大企業も参加することがあります。本業を揺るがすような新規事業は社内に生まれるとは限らないので、大企業は外のベンチャー企業の動向もウォッチしています。新しい事業を立ち上げる場合、大企業で実装するよりも、すでにある程度完成しているベンチャー企業を買収した方が早いので、買収先を検討する意味でもベンチャー企業と付き合う動機があります。

いわゆる「キャパシティ（容量）かアビリティー（能力）か」という議論です。大企業はもちろん、ゼロから開発できるだけの能力があります。しかし人材を手当てする（容量）とか、社内で決裁を取るなどの動きをしているうちに時間が経過してしまいます。買収して時間を買う方が有意義な戦略になることが多いのです。

図表27
スタートアップを育成するための「エコシステム」

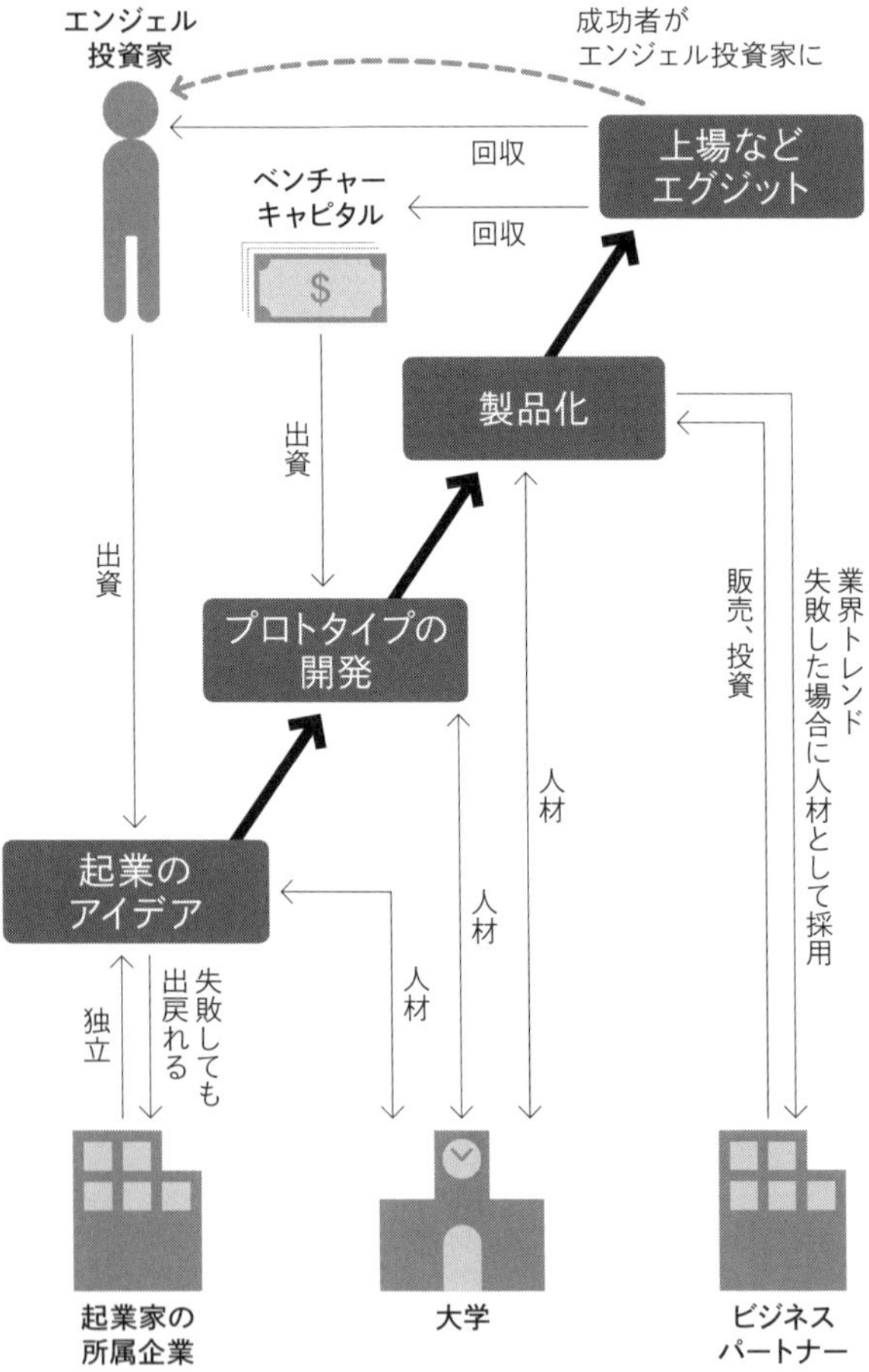

例えば米グーグルは、パソコンに関して基本ソフト（ＯＳ）を開発する技術は持っていました。しかしスマートフォン向けのＯＳを投入するにあたり、アンディ・ルービン氏率いる米アンドロイドを買収しました。これも時間を買った一例です。

もし新しいビジネスが何か規制に抵触すると、このエコシステムに政府も加わります。自国経済の発展に寄与できると政府が判断すれば、米ウーバー・テクノロジーズのように規制が緩和され、ビジネス成功につなげることができます。逆に米ナップスターは違法コンテンツの温床と判断されて規制によって倒産しました。

ベンチャーが大企業を選ぶ時代

最後の関係者として大学を挙げましょう。米国の大学の運営資金は基本的には卒業生による寄付で成り立っています。ハーバード大やエール大、スタンフォード大などは何兆円もの基金があり、その運用収益から何千億円もの年間予算を教育や、研究に充てています。特に起業で成功すると億円単位での寄付が見込まれます。大学としても在学生の起業を支援する動機があるのです。

ベンチャー企業がひとたび成功すると、関係者はいずれも最終的には得をする仕組みになっています。しかも成功の規模が大きいので、失敗した企業の数が多くてもうまく機能するのです。あくまでイメージですが、企業の出資の減損が10億円規模のものが5個ある一方で、同じ10億円の出資の1つの利益が10倍になって100億円になって戻ってくる感じです。合計では50億円プラスになっています。

最近は大企業のエース級の人材がベンチャー企業にいるケースが日本でも増えています。仮にそのベンチャー企業が失敗しても、実力さえあればグーグルなどの外資企業が雇ってくれるという安心感があるからでしょう。米国ではもともと優秀な人材が外に飛び出して挑戦を続ける体制ができていますし、日本もそうなりつつあります。そのため、ベンチャー企業を単に売り上げ規模だけで判断する企業は嫌われます。ベンチャー企業がどの大企業と付き合うかを選べる時代になってきています。

このことを認識して、ベンチャー企業と対等にうまく付き合った例があります。KDDIは現社長の髙橋誠氏がグリー創業者の田中良和氏の才覚を見抜いて、まだ初期段階にあった携帯電話向けソーシャルサービス「GREE」を作っていた時期に取引を始め、グリーを急成長させました。ソフトバンクの孫正義氏が、米ヤフーや中国アリババ集団への投資に始まり、今は世界のユニコーン企業の20代の若い創業者などと英語で対等に話し、世界でも有数のエコシステムに入り込めているのは周知の事実です。

日本に「シリコンバレー」を作れるのか

さて日本国内では、まだベンチャーのエコシステムは十分に機能しているとは言い難い状態です。平成の30年の間に、世界の時価総額ランキングの上位はベンチャー企業によって塗り替えられました。ベンチャー企業とうまく共生する仕組みがないと、国家の経済競争力として困ることになります。

国内のベンチャー企業との協力が十分できていないのに、米国のシリコンバレーに駐在員事務所を開設してエコシステムに加わろうという大手企業は相変わらず後を絶ちません。英語や文化の壁が立ちはだかり、人を雇おうとしても周囲には世界のトップ人材が集まる魅力的な企業が多数存在します。シリコンバレーでベンチャー企業のエコシステムに参加するのはとても難しいことです。

テクノロジーは国境を問わずすぐに広まります。したがって日本企業が国内のベンチャー企業だけでなく、シリコンバレーなど海外のベンチャー企業と協力する必要は出てくるでしょう。ただしその場合は、ベンチャー企業との共生と、海外企業との共生という

2つの要素を分けて考える必要があります。

「日本でもシリコンバレーのようにベンチャー企業が誕生しやすい環境を作ろう」という構想はよく聞きます。それにはまず世界でも優秀な人材を引きつける仕組みが必要です。例えば英語での最高峰の研究環境や、市場への展開を容易にできるといったビジネス面でのメリットです。さらに大学による起業の奨励や育成、エンジェル投資家やベンチャーキャピタルによる支援や十分なリスクマネーの供給など、さまざまな面で補強する必要があるでしょう。

シリコンバレーが50年かかって作り上げた生態系です。一筋縄でできるモノではありません。しかし早めに着手しないと、平成の「失われた30年」のように産業の衰退を招くばかりで、ベンチャー企業が続々誕生するような、活気あふれる社会にはならないと予想されます。

5 世界最大のVCが日本を狙う

2020年6月、世界最大のベンチャーキャピタル（VC）である米セコイア・キャピタルが日本への本格的な投資に乗り出すことが明らかになりました。

私がインダストリーパートナーを務めるDNXベンチャーズは、2020年6月5日に「B2Bサミット」というイベントを開催しました。このイベントにセコイアのパートナーが登壇し、同社の日本進出について説明したのです。今回はその説明を基に、背景を交えて解説します。

セコイアは日本では法人向けネットサービスを手がける企業への投資に注力するとのことです。ただし、セコイアから日本への出資は、米本社ではなく中国法人のセコイア・キャピタル・チャイナが判断することになっています。中国法人だけでも投資余力は約3兆円といわれています。2019年のベンチャーキャピタルの国内投資額は2100億円強ですから、実に約15倍に相当します。

米民間調査会社のスタートアップ・ゲノムは2020年6月下旬、スタートアップの育成環境を評価した都市ランキングを発表しました。1位はシリコンバレー、2位はニューヨーク、3位はロンドンという顔ぶれです。アジアでは北京が4位、上海が8位で、それらに続く東京は15位と中国から大きく遅れています。

投資が本業ではない企業が自社の事業と関連したベンチャーに投資することを「コーポレートベンチャーキャピタル（CVC）」と呼びます。日本のCVCは、コロナ禍を受けた本業の減益が原因で出資を減らす動きが多くなっています。

一方、経営陣が「今こそ最新ベンチャーが持つ技術やビジネスモデルを取り込むべきだ」と理解している少数の企業のCVCや、独立した判断ができる通常のVCにとっては、良質のベンチャーに適正な価格で投資できるチャンスになっています。このことが、セコイアが日本への投資を本格化する背景にあります。

過去にも似た例があります。日本の景気が不安定な時にリスクを取って日本の大企業に資金を提供し、企業の再生によって巨額の利益を得たのは、ほとんどが海外の企業再生ファンドでした。

日本のベンチャーがようやく投資対象に

スタートアップの育成環境の中では、優れたベンチャーとベンチャーへの投資資金量（リスクマネー）は鶏と卵の関係にあります。優れたベンチャーが多く出現し、上場などで株主に利益を還元すると、ベンチャーにより投資しようとリスクマネーが増加します。

中国は人口が日本の約10倍で一人当たりの国内総生産（ＧＤＰ）も増えているため、国内市場だけでも十分に大きく、日本よりもリスクマネーが集まりやすい状況です。

中国発のネットサービスも増えてきました。例えば、現在広く使われているビデオ会議サービス「Ｚｏｏｍ（ズーム）」を提供する米ズーム・ビデオ・コミュニケーションズは、中国出身のエンジニアであるエリック・ユアン氏が起業しました。また、動画投稿アプリ「ＴｉｋＴｏｋ（ティックトック）」は、中国の北京字節跳動科技（バイトダンス）が開発・運営しています。

世界の市場を獲得する起業家がいるかどうかはベンチャー投資家にとって重要な判断材料です。中国ではそうした起業家が増えているといえるでしょう。一方、日本ではそもそも英語を話せたり海外進出を考えたりする起業家が少なかったため、投資が敬遠されていた面があります。

しかし、最近は日本でも海外進出を狙う起業家が増え、海外のベンチャー投資家と有意義な議論ができるようになってきました。この点が今回のセコイアの投資本格化を後押ししています。実際に、過去には日本人が海外で起業したベンチャーにセコイアが投資した例もあります。

日本市場は、全体としては縮小傾向です。そのなかでかろうじて有望といえるのが、法人向けネットサービスの分野です。日本企業はデジタルトランスフォーメーション(DX)が遅れており、コロナ禍で強制的にDXを進めざるを得ないという事情もあるため、そこを狙うベンチャーは成長余地が大きいとセコイアは考えているのです。

また昨今の米中関係の緊張も、日本進出の背景にあるかもしれません。中国だけに投資を集中するのではなく、日本にも投資してリスクを分散しようとしている可能性があります。

日本の起業家はこの機会を生かせ

スタートアップの成長ステージは、起業前のアイデア段階である「シード」、起業したがまだマネタイズができていない「アーリー」、成長軌道に乗った「グロース」の大きく３つに分けられます。

セコイアの日本向け投資は、当初はグロースステージのベンチャーへの投資を想定しており、一社当たりの投資規模は30億～１５０億円程度を検討しています。法人向けサービスを手がけるアーリーステージのベンチャーに投資する信頼できるＶＣと連携し、良い候補を探すとしています。

投資対象の分野が同じでもステージが異なるＶＣ同士が連携し、アーリーからグロースへとパスをつないでいくことはシリコンバレーではよくあります。アーリーステージのベンチャーに投資するＶＣとしても、良い投資家がグロースステージに入ってくれることはベンチャーの成長につながるため、互いにメリットがあるのです。

ベンチャー投資で最も難しいのは、信頼できる知り合いを通じて、アーリーステージの有望なベンチャーを見つけることです。成功したベンチャーに初期に投資していれば、数百倍以上になって返ってくることもあります。

一方グロースステージのベンチャーは、つぶれる心配が比較的少ないため、つてが少ない新しい市場でベンチャー投資を始めるには適しています。ただし見返りは限定的で、多くても数倍程度にしかなりません。

セコイアはまずはグロースステージで参入し、投資を通して日本市場への理解が進んだ段階で日本にオフィスを構え、アーリーステージに手を広げようとしているのかもしれません。

一社当たり30億〜150億円の投資ということは、株式の1割の投資と仮定して、対象企業の時価総額は300億〜1500億円になります。東証マザーズに上場する平均的な公募ベースでの時価総額は150億円程度といわれています。つまりセコイアは、上場できる実力がすでにあるにもかかわらず、より成長を目指している企業を投資対象として考えていることになります。

一方、海外からの出資を受けるということは、企業側としては海外への進出を視野に入れているということになります。一般に海外進出は、上場した後から検討するのは大変難しいものです。海外進出のための経営陣の構成変更や多額の進出費用を、株主にいちいち説明して理解を得なければなりません。

海外に進出するつもりなら、上場前からそのための経営陣を整え、戦略の方向性を決定しておく必要があります。これに加え、海外進出に理解のある投資家に入ってもらうことも重要です。

日本の志のある起業家は、これを機会に海外に進出して市場を獲得していってほしいと思います。それが、バブル経済崩壊後、失われた30年の転換点になるかもしれません。

おわりに

ここまで、いろんな分野や業界に話が飛んで、ついていくのは大変だったかと思います。お疲れさまでした。

これまで「テクノロジー投資は余裕がある時にするもの」という認識をされていた方も、おそらく「経営ビジョンとして常に取り込み続けなければならない」という危機意識を持たれたことと思います。

しかし、この本が出る頃には、また新しい変化が出ているはずです。

英語でのニュースに触れる。実際にシリコンバレーで自動運転など最新技術を体験する。先端のエンジニアと対話をする――なるべく一次情報を追いかけ続け、その中で本質は何かを自分の頭で考えてください。メディアで聞きかじったバズワードや、ベンダーのセールストークを借りるのではなく、自分の言葉で語れるようになってください。これが筆者の願いです。

自分の知らない新しいアプリが出れば、とりあえず先入観を持たずにダウンロードして使ってみて、役に立たなかったら消すぐらいのお手軽な感覚がちょうどいいと思います。

そして、もし可能ならば、プログラミング、データサイエンス、ミクロ経済学（会計ではなくファイナンス。できればネットワーク効果、ゲーム理論、ナッジなどを含めたビジネスモデル）、英語などを改めて学び直してみてください。そうした体験をされるだけでも、理解の深さが大きく変わるかと思います。

これらは、未来のビジネスを見通す「視力トレーニング」にたとえてもいいでしょう。残念ながら、ビジネスではお金を払えば手に入る「メガネ」や「コンタクトレンズ」は存在しません。そのようなことを謳う本もありますが、やはり自分の視力を鍛えて景色を眺めることが、変わり続ける環境を理解するために欠かせない条件なのです。

学びの機会は、書籍以外にも数多く存在しています。書籍という文字と絵だけの情報には限界がありますので、動画や生の講義なども活用してみてください。海外のトップ企業では、ＵＣバークレーやスタンフォードなど技術に強いトップの大学のエグゼクティブプログラムなどを活用し、短期に最新の状況を学べるよう工夫しています。日本でも京都大学の東京オフィスなどで開催されることもあります。

百聞は一見に如かずという言葉は、生き馬の目を抜くテクノロジー・ビジネスによく当てはまります。「そうだったのか！」という体験を今後も続けられるよう、行動に移されることを心より願っております。私の活動を通じて、日本経済の発展と、国力の向上に微力ながら貢献できれば幸いです。

本書についての感想やお問い合わせなどがありましたら https://bit.ly/30z56tm の問い合わせフォームか、yamamototech2020@gmail.com までご連絡ください。

２０２０年10月

山本康正

著者略歴

山本 康正（やまもと・やすまさ）

DNX ベンチャーズ インダストリー パートナー

1981 年、大阪府生まれ。京都大学で学士号、東京大学で修士号取得後、三菱 UFJ 銀行ニューヨーク米州本部に就職。ハーバード大学大学院で理学修士号を取得。修士課程修了後、グーグルに入社し、フィンテックや AI（人工知能）などで日本企業のデジタル活用を推進。ハーバード大学客員研究員。日米のリーダー間にネットワークを構築するプログラム「US-Japan Leadership Program」諮問機関委員、国立研究開発法人新エネルギー・産業技術総合開発機構 事業カタライザー。2018 年より DNX ベンチャーズ インダストリー パートナー。京都大学大学院総合生存学館特任准教授。

著書に『次のテクノロジーで世界はどう変わるのか』（講談社現代新書）、『シリコンバレーの VC ＝ベンチャーキャピタリストは何を見ているのか』（東洋経済新報社）ほか。

日経文庫 1428

ビジネス新・教養講座

テクノロジーの教科書

2020 年 11 月 24 日　1 版 1 刷
2021 年 3 月 9 日　　2 刷

著　者　山本 康正
発行者　白石 賢
発　行　日経 BP
　　　　日本経済新聞出版本部
発　売　日経 BP マーケティング
　　　　〒105-8308　東京都港区虎ノ門 4-3-12

装幀　next door design
組版　マーリンクレイン
印刷・製本　シナノ印刷

 ISBN978-4-532-11428-2